自惜身薄祜——红楼奸雄贾雨村
Jia Yucun Character Analysis

自惜身薄祜
——红楼奸雄贾雨村
Jia Yucun Character Analysis

颠覆贾雨村的小人形象
剔出隐在《红楼梦》文字背后的玉骨

姜国娟 著

AcerBooks

自惜身薄祜（红枫散文丛书之四）
作者：姜国娟
设计：子健
出版：Acer Books

书号：978-1-0692408-6-6

红枫散文丛书
主编：陶志健

Jia Yucun Character Analysis (Acer Essays Book 4)
Author: Jiang Guojuan
Design: Zijian
Publisher: Acer Books

ISBN: 978-1-0692408-6-6

Acer Essays (Series)
Editor-in-Chief: Tao Zhijian

Acer Books Canada, International Humanities Publishers, Montreal, Canada
Email: acerbookscanada@gmail.com

Copyright © 2025 Jiang Guojuan

All rights reserved. No part of this book may be reproduced or used in any form or by any means without the prior written permission of the copyright owner, except for the use of brief quotations in critical articles and book reviews.

目录

闲散之品 3

写遍千人千别 4

自序 7

自惜身薄祜 13

第一章 托墨言假话，莽操隐真容 14

第二章 红颜娇杏望，落拓我心同 17

第三章 前缘视所由，仕宦携谁共 20

第四章 报君燕双飞，情比西厢重 23

第五章 萍水一相逢，贾中有甄意 27

第六章 可比奸雄志，归汉有文姬 29

第七章 红颜半途遇，旧友中道离 35

第八章 举世流俗众，从来仁者稀 39

第九章 补授应天府，投身如海棋 42

第十章 孤女求生路，尔雄重所依 46

第十一章 当头一棒喝，醒梦两辙异 50

第十二章 迎莲红楼梦，送子青云梯 54

第十三章 授徒总角起，平地生波澜 59

第十四章 云旗暗箭涌，雨幕风刀寒 63

第十五章 亲事初方定，费他百万钱 68

第十六章 贾府存两心，深宫第一箭 73

目录

第十七章 任重危方近，师恩护亦难 77

第十八章 琳琅珠泪落，绛草潇湘怨 82

第十九章 金钗智计尽，锦偶终难全 87

第二十章 惺惺复相惜，恨恨何又叹 90

第二十一章 一波龙虎争，再析葫芦案 93

第二十二章 强夺名与命，情宿孽共冤 98

第二十三章 作恶数铺陈，伤德阴文卷 102

第二十四章 缢死秦可卿，错疑风月鉴 105

第二十五章 二波龙虎争，三贾强夺扇 109

第二十六章 山雨欲来频，风云张驰满 112

第二十七章 抑扬旧势官，排演豪奴宴 115

第二十八章 谁为后宫主？生儿苦熬煎 117

第二十九章 求存不顺意，谋反见倪端 121

第三十章 兄弟斗阋墙，二尤为谋算 124

第三十一章 淤泥苦求存，红莲生烈焰 127

第三十二章 平安州漫漫，行路不平安 131

第三十三章 花落柳絮飞，势败春云远 135

第三十四章 德财皆近尽，危局头上悬 140

第三十五章 金哥亡情尽，黛玉缢月圆 145

第三十六终章 诸芳苦离散，无人不可怜 150

闲散之品

陶志健

读国娟的《自惜身薄祜》，我想到"闲散之品"几个字。"闲散"绝非作者无事可做；正相反，她是一位三个孩子的妈妈，事务繁忙，自不待言（这一点我们也曾感同身受）。然而，她却能在这带娃的人生阶段，偷空做出这等文字来，实在令人叹服。所以"闲散"是一种能力，让她能做到游刃有余；"闲散"是一种态度，超然的态度，毫无功利的考量；"闲散"是一种意趣，深入红学，秘境探幽，非常人之修为；因而"品"也不仅是作品，更是品味和品位。作者是一位诗人，诗词功力深厚，作品高质高产，就是这"品"的底蕴。

"闲散"还是文风。国娟文笔了得，与她的诗词造诣分不开；文史典故，信手拈来，旁征博引；文字时如惊鸿，推论却丝丝入扣，有条不紊；又常闲笔调侃，读起来既感丰厚，又觉轻松。"闲散"却绝不马虎，见解独到，思路清晰，详实有据，且充满对人物的共情和喜爱。特此郑重推荐这本著作给众多红迷和其他"闲散"而有心之士细细品玩。

作者嘱我作序，我是门外汉，自愧难当；有幸先拜读这本红学专著，却窃喜得益甚多。在作者指点下重游贾府，再添领悟，我是深怀感激的。

写遍千人千别

——《自惜身薄祜》读后

荣丽玮

认识国娟（笔名铄墨）始于风花雪月的格律诗社"芸香雅舍"。姐妹高才，诗作李太白之瑰幻，词有吴梦窗之密丽。又常制组诗长调，或铺陈典丽，或金戈铁马，于绵密中见顿挫，直追旧家遗响。

一日有事相询，国娟恰巧提到自己即将完工付梓的《红楼梦》系列文章，想请我也写上一篇阅读文字。得姐妹青眼，心中又高兴又惭愧，自己何德何能？但作为隐形红迷，却忍不住"红楼"二字的诱惑。姑且答应下一篇读后感，为的是抢先一睹高才姐妹的锦绣文字，岂不快哉。

果然一书在手，便再放不下，连夜读完，睡梦中都是红楼人物。一早便发读后点滴给国娟，惊得姐妹直呼，这是折腾了一晚！？我倒要如《自惜身薄祜》一书中提到的另一读者般问国娟：这是读了多少遍，才有如此识见？

《红楼梦》当真如七宝楼台一般的存在，提起任意一条线，就能连出一串故事，即使是名家也纷纷落坑。何故？有才华大于思力者，有思力大于真情者，余者皆真情有余，而思力才华则略逊一筹。与国娟诗词中相见，知她驾驭高密度长篇文字的能力卓然于众人，思力，才华，真性真情，三者俱高，是以有此作。为之惊喜，却不意外。

国娟姐妹有趣，批红楼作者坑品不好，一本书不往完里写（在点滴交流中，姐妹猜测，红楼女儿结局惨烈，作者因不忍落于文字，自己删了后数十回）。姐妹自况坑品必须好，既选了这题，跪着也要写完。那么完本的红楼到底应该是什么样的？这里不剧透，只说感受。自己是隐形红迷，知道通行的故事不可信，虽也常看到红楼评述若干，不过皆持怀疑态度，姑妄听之而已。唯有此书，读后如醍醐灌顶，妙不可言，然后悲从中来。千红一哭，万艳同悲，也算上我一个。寒塘渡鹤影，冷月葬花魂，究竟不是文字游戏，而是活生生的青春女儿。

《自惜身薄祜》此书，视角独到，从贾雨村写起，以时飞作推动红楼故事的关键人物。甫一开篇，我便已心有戚戚。评雨村奸雄者，为脂砚斋这等世家富贵闲人。雨村于当世，寒门进士出身，在一个逼人为奸的系统中，审时度势，判断准确，不但可自保，还能上进。若论世事洞明，人情练达，不过雨村，只是和富贵闲人天生八字不合。以平民社会的道德观评之，痛批雨村者，什么立场呢？有道雨村葫芦提，草菅人命，这公案细节，可观《自惜身薄祜》此书，国娟姐妹均有思考，逐一解答。

令人为之动容的，是国娟姐妹对红楼众姝的深彻情感。香菱是甄家孤女，放在大观园中，与众人格格不入，是以直到学诗，自己也当她是闲笔。读宝玉评"老天生人再不虚赋情性的，成日叹说可惜他这么个人竟俗了，谁知到底有今日"，只道是忙玉之痴。国娟却点破了围绕香菱的种种身世之谜。试问这样一个绝世人物，终于从迷雾中现身，成为鲜活的生命，展示在读者眼前，谁不会动心呢？相关的冯家公子，薛大等人物，终于不再作通行故事那般看待了。

　　国娟写尤三姐也有精到文字，读之心荡神摇，知道作者是动了真情的。二尤这一对无人庇护，因美丽而陷入泥淖的姐妹花，红楼作者并未弃嫌，做道德判断，而是直指人心，写美丽女儿以不同性格，用不用方法进行抗争。鲁迅有定论，悲剧是将人生的有价值的东西毁灭给人看。三姐和湘莲的这一段故事，直接就毁在了人前，是明写的悲剧。是漫长无望生活里的一丝希望的破灭，是老天不肯给三姐一个活的机会（集书中语）。红楼中并未写大观园人物对这段故事的批语，读者可以从国娟的文字里体会若干。

　　国娟姐妹评黛玉及宝钗，文字多围绕身世结局分析，情绪上却更收敛。何故？珍视二字。美丽的人，配上美丽的文字，足矣，实在不忍作惨烈语，只点出雨村所作"玉在椟中求善价，钗于奁内待时飞"一联。钗黛并不合一，却是同命，宝钗并未得以保全。雨村出场，便已作此诗。国娟从雨村奸雄论谈起，又层层剥茧，至钗黛悲剧，仍离不开此人。书名《自惜身薄祜》，苍凉直追魏晋，当是国娟为雨村所拟。当读者放下固有成见，重新审视雨村其人其事，再通过他的视角读红楼，相信必有不同感受。

　　国娟在《念奴娇·红楼梦断》一词中，有"力透炎凉今世界，写遍千人千别"句。千人千别，著书者追求的境界，而读者读到同一文本，亦是千人千别。在人工智能与短视频盛行的年代，唯有文字，能赋予个性，无论读者作者。

自序

念奴娇·红楼梦断

缘来何处，恨天情海里，各生牵结。软玉娇花虚幻境，假作真时迷灭。弱质霜欺，浓愁寒浸，冷月伤圆缺。红楼风雨，泪清香瘦凝绝。

念念诗意乾坤，奇纹锦彩，堪比朝霞蔚。力透炎凉今世界，写遍千人千别。痴尽于痴，爱离于爱，梦断高山雪。青霄长望，任它云散云歇。

这首《念奴娇》是我今年在望岳诗词学校里学习时，关于《红楼梦》的习作，写作业时纠结的是各种词的合律换韵，写完后自己重读的时候，最喜欢的一句是"力透炎凉今世界，写遍千人千别。"这句话，换作多年前，我是无论如何写不出来的。

鲁迅在评价《红楼梦》的时候，曾说过，不同的人能窥见不同的人事："经学家看见易，道学家看见淫，才子看见缠绵，革命家看见排满，流言家看见宫闱秘事……"这句话真是精辟，我如今，还要斗胆加上一句，哪怕就是同一个人，在不同的年龄，体验不同的人生经历后，再一遍读出来的，都是不一样的感悟。

我最早读《红楼梦》应该是在十五六岁的样子，当时读的很勉强，反正每个孩子的中学时期，都是被语文课上各种文言文句式所苦的时候。支撑和吸引我读完这本书的，是那里面有一群同龄的女孩子，在一等的富贵风流地，过着花月诗酒的贵族奢华生活，展现了一个完全不同的，史诗般美如幻境的世界。之所以得出这样一个印象，是因为我清楚地记得，我把所有关于社会背景的一些描写都跳过了，重点读的是女孩们在大观园里的生活片段。

大学时在图书馆里又翻出这本书，突然之间就爱上了里面的诗词，我把书中的每一首诗词都认真地抄下来，再一首首地去背，背诵的时候还特别感慨：怎么会有一个人，可以分饰不同的人物，再根据这个人物特点，写出不同风格的诗。

等我走向社会工作多年后，在闲暇之余，再次摸到这本书的时候，开始对隐藏在书中一群痴儿女主角背后的，各个阶层的大小人物，有了更为深刻的理解。比如后来做了门子的曾经葫芦庙里的小沙弥，比如贾府族学里附读的金荣的姑妈璜大奶奶，比如夹在凤姐和贾琏中间求存的仆人旺儿，而这其中，最让我感兴趣的，是所有人眼中的大反派贾雨村。

说到这里跑个题，《红楼梦》是个没填上的巨坑，作者不厚道，又没有明确提示"入坑有危险，读文需谨慎"，导致后世一大批读者，前赴后继地掉坑里了。

所谓著名的红学家，都是掉在里面爬不出来的。而爬不出来的人都太有才华，他们不爬了，他们干脆坐在坑里面继续往深了挖。就可怜了从古到今的读者，人越掉越多，坑越挖越深。撼《红楼梦》这座山易，撼红学这个巨坑难，真是怎一个憾字了得！

我曾索引了中国近现代出现的红学家们，自蔡元培的《石头记索引》始，胡适的《红楼梦考证》，俞伯平的《红楼梦析》，直到我认为最有影响力的周汝昌的几百万字关于《红楼梦》的全方论证点评,可谓鸿篇巨著,以及与周汝昌同期号称双子的冯其庸,专攻《红楼梦》诗词曲赋的蔡义江,再有影响巨大的胡文彬,周世昌,王昆仑,何其芳,还有因百家讲坛讲课而火遍大江南北的刘心武,可以说这些大师们从各种角度,用巨笔,将《红楼梦》这部奇书,硬生生的刻进了中国文人,甚至大千百姓的骨头里,从中不断滋生出新的血液,静静地流淌进中华传统文化的浩瀚汪洋。

在众多红学研究者试图还原曹家兴衰、文本源流之际,一定要提到《红楼梦魇》和《红楼梦未完》的作者张爱玲,这位在红学家中颇有影响力的女性作家,从《红楼梦》一书的细节处入手,完全是一种作家视角下的观察,她认为曹雪芹写红楼,处处都是"言有尽而意无穷"的欲说还休,她认为"冷月葬花魂",悄然显露贾府华丽背后的衰败,从而捕捉贾府背后权力结构的隐秘而细微的流动。张爱玲以一种全新而细腻的方式,企图重构《红楼梦》的叙事逻辑与人物命运结构。她敏锐指出脂砚斋批语与成书过程之间的心理关联,提出许多独特且带有"预言式洞察"的观点,她的红学思考虽不以系统宏构著称,却以一种曦光般温柔的女性智慧,照亮《红楼梦》里的一角灰暗天空。

《中庸》有言,"潜虽伏矣,亦孔之昭",受这些红学家的影响,我对潜伏在《红楼梦》里的"草灰蛇线、伏脉千里",产生了浓厚的兴趣。这其中,最大的伏脉,我认为就是贾雨村。《红楼梦》开篇第一回《甄士隐梦幻识通灵　贾雨村风尘怀闺秀》中,第一段就写了'虽我未学,下笔无文,又何妨用假语村言敷演出一段故事来?亦可使闺阁昭传,复可悦世之目,破人愁闷,不亦宜乎?'故曰'贾雨村'云云。"可见,贾雨村其人,在《红楼梦》中有着非常重要的地位,但因为后续四十回遗失的原因,贾雨村在文中出现的次数极少,尤其在文中主角纷纷登场后,似乎已经看不到对作者对他的正面描写。也因如此,他的人物形象描写并不是很丰满,这里就给了读者非常大的想象空间,由此才促使我写了这本专门分析贾雨村的书,旨在颠覆贾雨村的小人形象,剔出隐在《红楼梦》文字背后的玉骨。

目前能看见的评论里,虽然大家都认可贾雨村是奸雄,但关于"奸"字说得太多,"雄"字又说得太少,这就导致了贾雨村的人物形象一直是个奸佞小人。当我在一遍又一遍地重读过程中,发现在贾雨村可能存在不为人所知的真实一面时,手里的笔就再也不能停下,一定要将我关于这个传奇人物的真实所感,落在纸面上,写给有缘一见的红迷朋友们来探讨。

我在写本书之前,共整理出来两条主线:一是贾雨村与三个人:娇杏,香菱,黛玉。二是贾雨村与两个案子:葫芦僧乱判葫芦案;强夺石呆子扇子案。

三个人物中,娇杏只是个引子,但香菱排在《金陵十二钗副册》第一,黛玉排在《金陵十二钗正册》第一,我相信,与这几个人物关系理出来,基本上贾雨村这个人物形象,就会比较清晰了。

当然,我在本书中做了大量的猜想,行文逻辑也做不到十分严谨,作为一个用最笨的方法读书和写字的普通人,我写出这本书评,若能供有缘读到这些文字的朋友们,茶余酒后喷饭之用,引得大家忙碌之后的闲暇中,诧异又笑谑两句，就已经是我最大的收获了。

一个朋友在闲聊时，曾说出一句："我刚醒来，发现居然睡着了"，我大笑："这句话有禅机了，人若不醒来，是不能发现自己在梦中的。"《西游记》中的女儿国国王含泪说："哥哥，你若睁开双眼看看我，我不信你四大皆空。"其实她说错了，玄奘历经十世修行，才终于觉醒，因此心中已睁开一双慧目，惜眼前看到的不是盛世容颜与情深如海，而是梦里乾坤与红尘业障。曹雪芹用毕生心血，为所有的读者们，就构筑了这样的红楼世界，千年如一梦，人人皆在梦中，人人皆在其中能找到自己未醒来的影子。

写此书时，我与《红楼梦》里诸人，皆在梦中，若有一日醒来，不知道是不是都"落得一片白茫茫大地真干净"。

自惜身薄祜

——红楼奸雄贾雨村

颠覆贾雨村的小人形象
剔出隐在《红楼梦》文字背后的玉骨

第一章 托墨言假话，莽操隐真容

奸雄是脂砚斋给贾雨村下的批语。

关于脂砚斋的身份，喜爱《红楼梦》的读者们已经猜了又猜，有猜红颜知己的，有猜妻子的，有猜叔伯的，究竟是谁在这里并不去详细考究，我们只要得出结论，脂砚斋与曹雪芹关系极亲密。

从手抄的甲戌本《脂砚斋重评石头记》中的批注就可以看出，这个人几乎围观了《红楼梦》的诞生全过程，与作者的亲密程度，大概相当于，一个写，一个就坐在桌子边等着看。不但看，还对着刚写出来的东西嘻笑怒骂，随意点评，而作者就由着他这么任性乱涂乱画，在自己这部呕心沥血的奇书上到处贴小标签，可见他与作者的这种亲密已经上升到精神层面。

他的批语，处处可见点睛之笔，才华灵性毋庸质疑，作者肯定与他探讨过书中各种人物的命运。除了作者本人，对《红楼梦》的人物设定他应该是把握最准确的一个人。所以脂批一直被认为是红学界推衍《红楼梦》真实结局的最有力证据。

而这样一个人，在《红楼梦》开篇的第一回，评价刚出场的贾雨村的容貌，说他有"莽操遗容"，莽是王莽，操是曹操，纵观中国历史，这两个人是最出名的奸雄。

紧接着在第二回，描写贾雨村第一次罢官，连用了"此亦奸雄必有之理"，"此亦奸雄必有之事"，"此亦奸雄必有之态"三个排比句。

更是在第四回的"葫芦僧乱判葫芦案"里，贾雨村与葫芦僧密谋结案，短短一段文字，脂批共用了四句"奸雄"和两处"奸雄欺人"之语，言辞确凿，简直力透纸背。

综上，贾雨村在《红楼梦》中的定位，是奸雄无疑。

字面上讲，奸是手段，雄才是定位。

从《红楼梦》中贾雨村正面出场的形象来看，那在灌水区简直是骂声一片，什么贪婪无耻，背信弃义，攀附权贵，等等小人嘴脸，通篇除了个"奸"字，独独看不见"雄"在哪里。

雄有杰出和主导之意，我们可以翻看曹操的历史评价，人物形象极其复杂。一般来说，奸只是雄主的手段。所以，我个人以为，一定有一条暗线，因为原著不全，而没有显现出来，唯有读到有真正结局的《红楼梦》，才能确切了解一位如此复杂的人物。

雪芹公在开篇最重要的几回，用了相对多的文字，对贾雨村的背景和前情做了描写，又借他的眼睛直接看到了全书的结局，可见这是个贯穿《红楼梦》的重要人物。

我交待一下为什么说借他的眼睛看结局，在书中第二回的时候，贾雨村路经"智通寺"，见过警联"身后有余忘缩手，眼前无路想回头"，又打了个"有个翻过筋斗来"的禅机。我的解释是有这么个人，说智不智，说通不通，一路走来忘缩手，走得没了路又想回头，结果终于"翻过筋斗"来想明白了，这个人现在什么形象："一个龙钟老僧在那里煮粥"，"那老僧既聋且昏，齿落舌钝，所答非所问"。脂砚斋连着侧批两句，说老僧"是翻过来的"，也就是宝玉和黛玉在第二十二回，因为几句戏词的机锋想证却没证出来的，而后来宝玉在阖府倾覆后，真正证出来的样子。若说是宝玉最后出家的形象也不算错。

用我最爱的脂砚斋眉批来做个小结："未出宁、荣繁华盛处，却先写一荒凉小景；未写通部入世迷人，却先写一出世醒人。回风舞雪，倒峡逆波，别小说中所无之法。"这句话简单的说，就是用了倒装写文方法，把宝玉最后的结局形象提前展示给读者看了。

按照一般的写作手法，在全书结局处，贾宝玉出家后，贾雨村与之肯定会再有一晤，才算能了结这一段缘起。

一部鸿篇巨著《红楼梦》，描尽了俗世繁华，写遍了人生百态，盛赞倾世之美，亦叹惜人性之恶，向往着冰清玉洁的真女儿，也心厌着藏污纳垢的浊世界。作者用文字翻涌起一脉洪流，将一群小儿女的命运挟裹在其中浮沉进而淹没。其中贾雨村，作为一个从缘起走到缘散的人物形象，正值得我们一起沿着他的足迹，走进这一片千回百转的瑰丽梦境，看一看那万丈迷津，如何将人拖入无尽深渊，抑或惊醒出南柯大梦。

第二章 红颜娇杏望,落拓我心同

贾雨村与娇杏的浪漫爱情故事,是个喜剧结局。这个故事只在《红楼梦》的开头,以极少的字数描述完了,几乎不能引起人们的注意。但我觉得如果想看贾雨村这个人物形象,这个引子非常重要,因为比起香菱和黛玉来说,这个故事是完整的,有恩有报,善始善终。

雪芹公在故事的开篇,交待人物时间地点时,写到葫芦庙,"庙旁住着一家乡宦",脂批在这里说:"不出宁荣大族,先写乡宦小家,从小至大,是此书章法。"这一句非常重要,因为要写清楚贾雨村这个人物的真实底色,在后四十回缺失的情况下,以小见大处就非常必要,而贾雨村与娇杏的故事,就是最小又最不起眼的,却又非常准确的描述了一个真实又全面的贾雨村。

故事说一个穷书生贾雨村先生,借住在一家叫葫芦的寺庙里,以卖字画为生,腹有诗书,但身无分文。寺庙隔壁住着姑苏城的望族乡宦甄士隐,这位甄老爷有个女儿英莲,家里还有个小丫鬟叫娇杏。

有一天雨村到甄老爷家做客,正在书房读书等候的时候,碰见娇杏小姑娘在窗外摘花,小姑娘第一眼见这位客人是无意的,但雪芹公的手段多高啊,立刻从小姑娘的眼里把贾雨村的外貌形容,用二十个字描绘给读者看:"敝巾旧服,腰圆背厚,面阔口方,剑眉星眼,直鼻权腮",这就是前面曾提到的脂批"莽操遗容"了。

小姑娘曾经听家里的主人说起过这个人,今天第一次见,长得又不俗,肯定心里涌起了熊熊的八卦之火,就又回头了两次,我猜她多看两眼的目的,肯定只是想回去跟小姐妹们吹吹牛多点谈资。

想不到落到到我们这位贾雨村先生眼里,可就老房子着了火,书中描述说他"自为这女子心中有意于他,便狂喜不尽,自为此女子必是个巨眼英雄,风尘中之知己也"。

脂批这一段很促狭:"今古穷酸,皆会替女妇心中取中自己。"看到这里忍不住合掌一笑,真是入骨三分呐!由此我判断这位脂砚斋大概是位女士,这句话真的是女性视角,因为我一开始也是这么想的。

但这位穷酸毕竟是受过圣人教诲的穷酸,没有立刻跑过去跟人家姑娘要微信号私聊,而是悄悄做了首《玉人楼》诗,诗云:"未卜三生愿,频添一段愁。闷来时敛额,行去几回头。自顾风前影,谁堪月下俦?蟾光如有意,先上玉人楼。"然后将这件悄悄放在心底,待到他日金榜提名,鸣锣开道地衣锦归来,堂堂正正地娶了娇杏做二房。一年后嫡妻去世,贾雨村便将娇杏扶正,做了正房夫人。

这个故事于娇杏而言,就圆满结束了。按着雨村今后的仕途,这位八卦小姑娘从丫鬟出身,水涨船高做到一二品夫人,是妥妥的逆袭成功,人生赢家,也怪不得雪芹公给她取名娇杏(侥幸)。

为什么说侥幸,因为从古至今,我们见得听得最多的,是贫寒时海誓山盟,富贵时却劳燕分飞的同林鸟,什么时候见过这样干脆利索的"苟富贵,勿相忘"呢?

翻开整个旧中国画卷,就能窥见有多少深闺弱女的模糊影子，大家闺秀们多被家族托名联姻，在高门显贵的"月桥花院，琐窗朱户"里，"但见泪痕湿，不知心恨谁"，寂寞如空城烟雨，伴着无端锦瑟与无尽秋声；

小家碧玉被父兄算计，用豆蔻年华与绮年玉貌，换个面目不清的夫君，塞进个重重束缚的殷实人家，将后半生都夹裹进一个三间四方院，围着桑麻儿女重复琐碎流年；

寒门小户的女子，更是无法预测自己的命运，劳苦贫困，忍受饥寒，如遇荒年战乱，被亲人或弃或卖，杂草一样被践踏，纷纷走向叵测的命运。

无论贵贱，古代女子因为天然的性别地位劣势，她们不断地被轻视，被冷落，被放弃，被辜负,所以戏文里飞上枝头的凤凰，和白头携老的神话，总是让被现实压得喘不过气来的女性们，无比羡慕和向往。

文中的娇杏，既然流落为奴，她的处境肯定比以上三类女子更加艰难。但她偶遇了贾雨村，她的一生就从低谷，走向了一个又一个的高峰。幸福都是对比出来的，娇杏的一生无疑是会幸福的，经历过奴仆生涯的不易，才会越发珍惜被主动放在手中的尊重和好。

我写此书，目的是借此书颠覆贾雨村的小人形象，并从另一个角度再读一遍《红楼梦》。此文刚开，冰山尚未见一角，读者心中的贾雨村还是那个贾雨村。但我相信，至少在娇杏小姑娘的眼中，贾雨村很明显不是一个小人的形象。如果用现代人的话来说，他就是娇杏眼中从天而降的英雄。

第三章 前缘视所由，仕宦携谁共

论语《为政篇》里有段很著名的关于看人的话："视其所以，观其所由，察其所安，人焉廋哉？人焉廋哉？"我理解为要想了解一个人，看他从哪里来，观他走过的路，再察他得到的结果，基本上这是个什么人就无所遁形了。

视其所以：

我们先看看贾雨村是从哪里来的？《红楼梦》书中交代"贾雨村原系胡州人氏，也是诗书仕宦之族，因他生于末世，父母祖宗根基已尽，人口衰丧，只剩得他一身一口，在家乡无益，因进京求取功名，再整基业"。这段身世描写与曹操在一首乐府诗《善哉行》里写的，自伤身世、感慨于乱世困顿的几句诗有些相似："自惜身薄祜，夙贱罹孤苦。既无三徙教，不闻过庭语。其穷如抽裂，自以思所怙。"其实，除了贾雨村，大观园里的许多女孩，更如香菱和黛玉，其身世又何尝不是如此，都是些孤苦无依的"自惜身薄祜"之辈。

而书中开头交待的这句"只剩他一身一口"非常重要，表明他没有来自父母亲族血脉的庇护，就是说他享受不到无条件的爱。这样的人，如果不是仇恨社会的性格，必然会对陌生人表现出来的不求回报的好意非常敏感，一旦遇见，他的感激会比普通人来得激烈。

穷途末路的人，周边的人会怎么对他？从我们大家耳熟能祥的"葫芦僧乱判葫芦案"里的门子的态度可见一斑。当年葫芦庙的一个小沙门，何以对当时已是应天知府的贾雨村时时报以冷笑？虽然礼数尚全，但言语间充满了指点之意，毫无一般下属对上级的尊敬与惧怕。

因为他见过贾雨村最微寒时的样子。他曾目睹雨村卑躬曲膝地卖过字画，没准儿还"敝服旧巾"地，与他们一起排队领过寺里的薄粥，心里充满着对这个身无分文的穷酸的看不起。时至今日二人地位高下立见，门子尚且这样的嘴脸，可想当年与落迫的穷书生相处时，他的鼻子抬得如何之高，眼睛看得如何之低。

这样的人多吗？当你身处底谷，举目望去，皆是这样世俗之人。

所以若有人说葫芦僧是旧日恩人，雨村为官之后将他发配，是第一个忘恩负义的证据，这是不公道的。

葫芦僧只是葫芦庙的沙门，雨村领的白粥，不是沙门的私产，而是由百姓的布施而来，若说恩人，百姓才是恩人。设若当年沙门对穷酸书生的态度是百般折辱不耻，这样的人，无论如何，也说不上是恩人。

世人皆晓"譬如行路之人，行远必自尔，登高必自卑"，但更需知"行路难，多歧路"，身处如此人生低谷，雨村与当地望族相交时，仍能不卑不亢，保有读书人的风骨，这是他不流俗之处。

如此处境，娇杏的回眸，对贾雨村来说，是否珍贵？

那是一位眉目清秀，青春可爱的少女，第一次看到这样的困窘书生，若心存鄙视，必不会再看第二眼，而应该快走开回去洗眼睛才是。

但她没有，她看见他，回眸，然后再回眸，若能配合作者对她的心理描写，眼神应该是有点好奇，有点敬佩。

这样清新的女孩，于这样污浊俗世之中手捧鲜花闯入眼帘，教人如何不爱？连围观的我也要喜爱她了，何况雨村。

缘份就是这样不知所起，一往而情深。视其所以？如此而已！

第四章 报君燕双飞，情比西厢重

"碧云天，黄花地，西风紧，北雁南翔"，一曲《西厢记》里的长亭送别，由著名的京剧梅派大家张君秋演绎出来，真是悠扬婉转，荡气回肠，赚足了多少痴男怨女的眼泪。《西厢记》是元杂剧家王实甫的代表作，在传统曲剧里几乎享有最高的声誉。

从《红楼梦》里一些人物的对话中可以看出，雪芹公对这部剧可以说是非常熟悉，熟悉到黛玉要行酒令时，脱口而出的就是剧中戏词，熟悉到宝钗立刻就听出来，并戏言要审她，熟悉到宝玉引着黛玉看这本坏书，却张口就评价"真真这是好书"。

然而他对这部书的真正评价，怕不是"好书"这么简单，这已经从第五十四回"史太君破陈腐旧套"里，借贾母的话说得很清楚了。有感兴趣的可以去读原文，说得非常精彩。本人深以为然。

在《红楼梦》第一回的脂批里，脂砚斋连批贾雨村穷酸好色等语，我感觉他其实是影射《西厢记》里的张生而已。作者的真实意图，或许就是用《西厢记》里的张君瑞和《红楼梦》里的贾雨村，作了一对高下立见的对比。

同样是仕宦落拓子弟，同样是进士之才，同样是借住在寺庙，同样是见了回眸的小姑娘。二人的缘起相似，但所由之路却截然不同。

《西厢记》里张君瑞第一眼看见了如花美眷，一套"元和令"，"上马娇"，"胜葫芦"和"幺篇"唱下来，若除了辞藻艳美，就是个满纸下流，他关注的地方都不对，回头就跟庙里的和尚讨论人家女孩的小脚儿，连和尚都看不过眼去，怼他说"人家小姐穿着长裙，你怎么看到的脚呢？"这妥妥一斯文败类啊。

接下来的心理活动就更让人不耻了，"昨日见了那小姐，倒有顾盼小生之意。今日去问长老借一间僧房，早晚温习经史；倘遇那小姐出来，必当饱看一会。"这和贾宝玉垫着《四书》看《西厢记》有异曲同工之妙。

再然后张君瑞第一次看到人家丫鬟红娘，张口就是那句宝玉借来惹怒黛玉的，"若共他多情小姐同鸳帐，怎舍得他叠被铺床"，这是刚见一面，不但意淫小姐，连人家的丫鬟都惦记上了。

关于后面穿凿出来的剧情，贾母的评语无人能出其右："编这样书的，有一等妒人家富贵，或有求不遂心，所以编出来污秽人家。再一等，他自己看了这些书看魔了，他也想一个佳人，所以编了出来取乐。"

看完《西厢记》，再对比贾雨村之于娇杏，这才是标准的士大夫行为。

首先态度上，贾雨村对娇杏是非常尊重的。从书中的情节来看，他虽然内心里狂喜不已，脑补了一场十足大戏，但却坐在书房里八风不动，没有追出去看，亦没有多余的眉眼官司描写。

中秋时偷写了一句"蟾光有如意，先上玉人楼"，也非常隐晦。直到受资助入京，同丫鬟的主人一字未提。

不提，是对那个时代里女孩名节的最好保护。设若雨村不能高中，那这一段情谊，不会对女孩的人生有任何不好的影响。世人不知，世人就不会对女孩心存恶意揣测。

女孩不知，女孩就不会多出意外期盼，导致行为失措。

再从行动上来看，他给了这个女孩一个最重要的位置：二房的归宿，还有后来的扶正之举。

古代的女孩，在家从父，父死从兄，出嫁从夫，夫死从子，她们没有独立的身份，嫁人，是她们唯一改变命运的机会。所以古代管女子出嫁叫归家。这一点非常重要，因为后文中香菱和黛玉的归宿，最终也绕不开姻缘二字。

就如娇杏小丫鬟，生为奴仆，她一般的归宿是被主人家作主，配给另一个粗俗的仆人。我们从《红楼梦》中多数丫鬟对"配小厮"这句话的反感也可以看出，一旦走了这条路，这一生就再无翻盘的机会。不但她自己，她所生的子女，也同样作为"家生子"，继续重复父母的奴婢命运。

现代人对二房的理解是有些负面的，比如一个男士对一位女士非常爱慕敬重，然后他对女士说：我娶你做二房吧，这是对这位女士的轻辱。

但我们不能以今人之目，视古人之情。以怡红院里宝玉的那些丫鬟为例。贾宝玉是什么人，不过一个六品吏部侍郎的衙内，顶了侯门公子的头衔，空有地位，手无实权。为了这样一个人的妾位，多少如花女子争得手段百出，可悲可叹。

贾母身边的鸳鸯，在贾府地位相当于现在的董事会秘书，但年过花甲的贾赦，想纳她为妾，还认为是抬举了她。

贾琏在国孝家孝期间偷娶的一个不合法的二房尤二姐，在豪门正室的王熙凤眼中是何等的威胁。为了这个二房，逼得可恨可爱的凤姐姐，机关算尽，甚至误了她的卿卿性命。可见二房在书中的地位，是能直接威胁正室的。

贾雨村是不同于贾宝玉的，表面看起来，贾宝玉带了主角光环，似乎身份无比高贵。但贾宝玉不是爵位的第一顺位继承人，他如果想在仕途上有所进益，是要参加科举考试的，从整本书前八十回来看，贾宝玉连个童生都不是，从这方面来讲，贾宝玉比贾雨村简直差了十万八千里。

贾雨村进士出身，仕途在望，年富力强，这样的人，给娇杏一个二房之位，几乎是在当时士大夫价值观允许的情况下，最好的位置。

更别提后来的侧室扶正之说，一个考中进士的陈世美，想杀了妻儿都要去攀附的，肯定是权势，而不是爱情。

贾雨村升官发财而又有幸死了老婆，没有选聘高官之女，而是将无权势无背景的不起眼的小娇杏，扶成了正室，等于是放弃了联姻和夫人外交这两个仕途最大的助力。

对比一下张生之勾引相府千金，那才是真正的攀附权贵，何以张生是被世人称羡的风流才子，雨村却是众口如一的奸佞小人，心中窃小有不平之意，不吐不快。

所由之路堂正，由安之结局圆满，这样的贾雨村，连个毫无势力的小丫鬟都不肯轻意辜负，真的是读者们眼中，为了攀附贾府富贵，而不择手段的奸诈小人吗？

第五章 萍水一相逢，贾中有甄意

在《红楼梦》一书中，并没有描写贾雨村与香菱的直接联系，与贾雨村相交甚厚的，是香菱的父亲甄士隐。

两个人相识之初是明显的利益之交，甄士隐看中的是贾雨村的才；而贾雨村之于甄仕隐，为的是财。这一点二人在言谈之间皆未掩饰，都有点坦坦荡荡的君子之意。

那个年代在士绅阶层和未授官的举人秀才等读书人阶层之间的才财相交，是被默许的，授官之后就不再可以。

比如清朝吴敬梓在他的小说《儒林外史》中描写的范进，他在中举后，立刻有乡绅静斋先生送银送房之举，举子们一般都直接收下，若有来日之显达，也不一定直接回报在这个送银的身上，或许回报乡里，或许另外去资助可望之材。一般乡绅取来日之名，才子取眼前之利，这是两个阶层之间守望相助，达成的一种互利模式。

甄士隐与贾雨村之间，又多了惺惺相惜之意，甄士隐想助力，却不敢轻言轻侮，交往之间拿捏分寸，展现出十足的尊重。贾雨村一旦明白甄士隐的为人，也并不扭捏，直言需要帮助。

二人中秋夜饮，赠银之后，甄士隐说的那句"待雄飞高举，明冬再晤，岂非大快之事耶"，正是内心之言，而"雨村收了银衣，不过略谢一语，并不介意"这一句，正是展示了他将甄士隐真正做为挚友，赠银之意已由利转义，珍而重之，才不敢言谢。所谓大恩不言谢即是由此而来。如果他人对你恩重，你立誓来日相报，便不会在当下有过多的感谢之语，这是君子之间的克制。

隋朝的王通说："以利相交，利尽则散；以势相交，势去则倾；以权相交，权失则弃；以情相交，情逝人伤；唯以心相交，淡泊明志，友不失矣"。从二人来往之间的拿捏分寸来看，他们后来的确是都是以心相交的。

古代的仕大夫风骨为什么让人折服？他们的为人处世和交友方式，从骨子里会透着一种高山流水之感，各不相扰，又风雨相和，只可意会，不可言传。

我不知道现代人之间的友谊，为什么很难找到这种以心相交的感觉。也许是因为交流方式的迅捷，导致同一个人面对更多的关系要处理，会让人很难静下心来，去体悟另一个人的好，不愿意用流水鸣琴的方式来婉转的表达情感。毕竟，现在的车马不是快，而是不用了，我们的友爱，都用光来传播的，所以如果有个人能给你刹那的感动，就请当作永恒珍藏吧，山水一转，尚不知哪个转角才能再遇见。

可惜世事难料，待贾雨村高中得归后重访旧友，却发现士隐已隐，机缘巧合之下又遇见故友之女蒙难，这才有了贾雨村与香菱的交集。

第六章 可比奸雄志，归汉有文姬

在分析贾雨村是否对甄士隐忘恩负义，对故友之女香菱的态度是否令人齿冷之前，我想先写一写另一段故友相交相俦的故事，曹操与蔡文姬。

曹操与蔡文姬的故事记载于《后汉书》，史上确有其人确有其事。曹操早年与文姬的父亲东汉大文豪蔡邕蔡伯喈相交，蔡邕初时并不嫌弃曹操作为太监养子的身份，而是亦师亦友，对曹操青睐有加，与他平辈论交。在这一点相似上，与其说是贾雨村与甄仕隐，其实更象贾雨村与黛玉之父林如海，也可以说皆有影射。

《后汉书-蔡文姬传》里对这段关系只写了一句"操素与邕善"。这是缘起。但写曹操与蔡文姬的联系却非常详尽，换句话说，编写《后汉书》的范晔将这段故事大手笔地录进来，是持非同寻常的肯定和赞赏态度的。

蔡琰，字文姬，"博学有才辩，又妙于音律"，嫁给了河东望族的卫仲道，夫亡无子，归宁住在娘家，结果正赶上董卓专权跋扈，天下大乱，王允，就是传言貂蝉的义父，用美人计设计吕布，借机除掉了董卓，又因蔡邕曾为董卓一叹为名，在狱中将其缢死。

文姬父死离散，被当时扣关入侵的匈奴所虏，流落在胡虏之地12年之久，没于南匈奴左贤王，生二子。后来曹操得势，为汉丞相，加封魏王，显贵后的曹操未忘旧友遗孤，遣使团，携汉室余威，用黄金千两，白璧两双，换回了文姬。蔡文姬以此经历，血泪合成了《胡笳十八拍》和

《悲愤诗》，在中国古代文学史上享有极高的声誉，奠定了蔡文姬在中国古代四大才女的地位。

文姬归汉后，曹操对她妥善安置，重嫁给年轻英武的屯田都尉董祀。初时，董祀与家人不满于蔡文姬的三嫁之身，日常相处多有不和谐之处。后值董祀身犯死罪，待行刑时，文姬请见曹操求情，《后汉书》记载她"蓬首徒行，叩头请罪"。

当时曹操正在大宴公卿名士，在坐"众皆改容"，曹操说行刑文书都发出去了，怎么办。文姬对曰"明公厩马万匹，虎士成林，何惜疾足一骑？"

于是曹操派人快马赦了董祀，自此董祀感念文姬之恩，与她偕隐山林，文姬方得善终。董祀之罪并没有明确记载，反正问罪的是曹操，赦罪的也是曹操，我们也不好确定这个罪，是不是为了给文姬施恩的机会而问的"莫须有"，但文姬的确因此受惠。

时文姬求情遂意之时，曹操曾当着众人之面，亲赐头巾袜履，并问她："听说当年夫人你家里存有很多典籍，你还有记忆吗？"文姬说："亡父（也就是蔡邕）当年赐给我典籍四千多卷，因为离乱，已经没有存世的了，现在我所能记诵下来的，大概有四百多卷。"于是她乞纸笔，"缮书记之，文无遗策"。写到这里感叹，文姬能默背下四百多卷书，这是何等大才，四大才女之名，当之无愧。

这个故事读下来，扣人心弦，任谁都感动于曹操心念旧恩，重情重义，惜才善任。但别忘了曹操是什么人，世之奸雄！哪里有简单的英雄义举，奸雄做事，腹黑狡诈，向来无闲笔，最擅一箭多雕，看似为人，实则为己。

《孙子兵法·势篇》里说："激水之疾，至于漂石者，势也"，可知势之威力，如"转圆石于千仞之山者"，这是"势不可挡"这句成语的出处。

又说"故善战者，求之于势，不责于人，故能择人而任势"。厉害的人，都是擅于造势的人。雄主用人，是将合适的人，放在合适的位置上，就如同围棋局中的落子，布的是局，造的是势。势如有成，就不依赖于个人的力量。势成，则事成。

文姬归汉之举，是奸雄曹操布局三国之势，在用人方面的一处小小的落子。

我虽然想急着把贾雨村与香菱的关系交待清楚，但写到这里，我还是忍不住想跑个题。我想从文姬这处落子为引，对三国之主，枭雄刘备、英雄孙权和奸雄曹操用人的三层境界，提出一点浅显的看法，以博诸君一笑。目的是先看看奸雄做事的方式，回来与贾雨村的行为，做个类比。

人们在评价三国时期的历史人物的时候，一般从正史《三国志》中取材，作者陈寿以严谨著称，甚至上文提到的蔡文姬也是在《后汉书》中存录的，《三国志》里就没有提，有人以此推断史上并无蔡文姬。但这些都不是我们在这里要关注的。

关于曹操，人们更耳熟能详的印象都来自于《三国演义》，没办法，这本书太精彩了，比起《红楼梦》来，在民间流传更广，里面的人物各个都精彩传奇，引人入胜。

三国之争，其实也可以说是三国人才之争，三位雄主各自因为用人，都留下了脍炙人口的典故，我们就从大家最熟悉的几个例子，来分析一下，奸雄曹操，何以网罗天下英才，被旗下诸杰，尊称为明公。

先说人们心里印象最好的刘备。刘备被称为枭雄，这个字有点意思，不知道是不是影射他是卖草鞋的草根出身，枭字底下是木啊。而且刘备在用人方面，也的确有其粗放质朴的一面，或者说，更适合大众百姓的口味。

桃园三结义，刘备收在麾下两位最重要的合伙人关羽张飞；三顾茅庐，得到了可安天下的卧龙诸葛亮；怒摔阿斗，收服了惊才绝艳的赵子龙。这些人为刘备在三国鼎立中牢牢占据一域，立下了汗马功劳。

但刘备用人布子，稍落下乘，是点对点的收集，他首先自己去找那个人才，找到了后，付出最大的诚意去感化他收服他，这些人也的确为他鞠躬尽瘁死而后已。但哪怕枭雄，也是有限身，就导致能得到的人才数量太少了，和天下英才比起来，简直是凤毛麟角。而且最得力的助手诸葛孔明，在用人方面同样存在问题，仅一个卧龙在此，就容不下另一个凤雏。庞统与诸葛亮齐名，诸葛亮追随刘备即为军师相佐，而庞统入蜀之后，第一份职业仅为洛阳的一个县令，很明显没有得到足够的重视，蜀地没有系统的用人政策，这是宰相之失。所以刘备虽然志在汉家天下，人才储备却是远远不够的。单看刘备身后，诸葛亮在《前出师表》中罗列出来的几个，"先帝简拔以遗陛下"的托孤之臣，我们简直都没听说过。后主刘禅真的无能吗？没准只是看得清楚而已：人才断代，前后不能相济，时局如此，大势已去。

再看江东英雄孙策孙权，一个是"为报倾城随太守，亲射虎，看孙郎"里的孙郎，一个是"生子当如孙仲谋"里的别人家孩子。这两个人可以合在一起看，因为孙权在从兄长手中接过权柄后，几乎没有改变孙策的用人格局。

借助长江天险的地域优势,江东子弟人才备出,江东豪侠尽在眼底。孙权对人才,以诚以信。他重用兄长的好友周瑜,大胆启用诸葛瑾作为与蜀汉诸葛亮外交的使臣,培养吴下阿蒙等等。这些都体现了他的英雄胸怀和情怀。孙权用人,得一中字,中规中矩,未冒进,未出错,但也未出彩。

其实历史上的英雄大都是悲剧人物,比如自刎乌江的霸王项羽,风潇潇兮易水寒的壮士荆轲,又如天龙八部里的大侠萧锋,原因也很简单,英雄都是一直追逐光明的,这条路太过艰难,所以英雄都是累死的,一如最早追日的夸父。但孙权却是英雄中少有能得以善终的,长江天险成就了他,限制了他,但也保护了他。

然后我们再来看奸雄曹操。曹操在打败袁氏兄弟后,汉室皇权在握,他于公元210年,在他的老家邺城,修建了闻名天下的铜雀台。他可不是为了"铜雀春深锁二乔"啊,这是浪漫诗人的促狭。我认为铜雀台的价值,就相当于曹操为大魏王朝建立了一个超级的人才孵化器。所谓筑巢引凤,铜雀台就是那个巢。

铜雀台的确吸引了天下英才,仅文学成就方面,以三曹之下的建安七子,其风骨与后来晋代的竹林七贤,一直是代代中华文人眼中不可逾越的精神丰碑。三曹指的是曹操和他的两个儿子,允文允武的曹丕,和天下才有十分,而独得七分的曹植曹子建。这里插一句:其实曹丕和曹植的继承人之争,本质是文武之争,我个人认为曹操在世时如果天下统一,需文以治天下,继承人是曹植,天下仍分,需武以平天下,继承人必然是以武出身的曹丕。

曹操引凤的主旨非常鲜明,那就是"来"!

你若肯来，作为一方之主，我可以倒履相迎；你若肯来，王城内高屋广厦，铜雀台上佳肴成阵，美女如云；你若肯来，汉室初定，百业待兴，农事水利吏制政令兵权，皆可成为施展才华之地；你若肯来，往来俱是大儒文豪，挥毫诗赋，举手风云；你若肯来，甚至汝身后家小，皆有丞相顾惜。就比如文姬归汉。

蔡文姬之父，是东汉大文豪，曾创飞白书字体;校勘《熹平石经》，参与续写《东观汉纪》，在当时的文人之中，有巨大的影响力。文姬之归，所费不过金玉，却能赢得天下读书人的好感。文姬自身就是大才，受其父所教，文赋，书法，音律无一不精，更能背诵四百多卷坟典，传美天下。曹操欲令八方俊才归心，这颗子虽不起眼，却布得高妙，借蔡氏父女之名，传曹公重情多义惜才之实。

曹操的人才营销做得最出色的，应该是劝降关羽这件事，曹操千金买马骨，以金银美女，以己方将士之血，自身雄主之泪，为天下英才唱了一出大戏。被斩的六将性命，不过是奸雄手里的工具。曹操爱才之心，名闻天下，四方之才，皆往来服。

曹操有生之年，已经纵横捭阖，将局布好，所以才有身后的大魏朝。至于曹操在世时为何不称帝？这就是奸雄与奸贼的区别，曹操之所以为雄，肯定有他的政治抱负，有他的底线，曹操的用人理念是"周公吐哺，天下归心"，诚如愿尔。曹操行事，亦正亦邪，可算奸，曹操之终，大节未亏，才能称雄。

那么《红楼梦》里的贾雨村，既然在书中称雄，他的抱负和底线在哪里？他的大节，又怎么未亏，却被读者误成奸佞小人的呢？

第七章 红颜半途遇，旧友中道离

同为奸雄，曹操的抱负是"周公吐哺，天下归心"，那么贾雨村的抱负和底线是什么呢，我以为是那句"天上一轮才捧出，人间万世仰头看"。

这一句立意极高。而且贾雨村做这首诗的时候，很明显是成年男子，不是青春少年的热血上头。这样一个成熟的，有极高政治理想的人，有着清凌凌明月高悬的志向，怎么会在为官之后，突然就失心疯似的忘恩负义起来？这是不合情理的。第一次罢官对他的影响不至于此，官场沉浮本是常态，许多青史留名的政治人物一生中都是几起几落，他们心中有坚定的理念，来支撑自己实现最终的政治抱负。若轻易就动摇，也就算不上奸雄了。

基于这样的判断，我们几乎可以得出结论，贾雨村对有扶助之恩的故友甄士隐不可能忘恩负义，对故友之女甄英莲，也不可能袖手旁观。他志存高远，怎么会私德有亏，在这等小事儿上让政敌抓住把柄。

那么只能说，贾雨村真正的所做所为，是符合当时士大夫阶层和天下读书人的价值观念的。

我会从书中并不完善的情节，来推导论证我这个观点。

同样是看书，为什么我看出来的观点与大多数读者不同，那是因为我是个青春期未过、更年期就来，做事作文爱跑题的逆反中年家庭妇女，凡是别人说的，我从来不尽信，总爱先问个为什么。我曾经同大儿子谈起他将来所从事的职业：我可以不介意他将来是做精英还是去搬砖，但他要读书，要有自己的思想，就是去搬砖，我也希望他是个会写诗，有独立思想，把自己的独特纹样码进砖头的人，他要做的所有事，都应该摒除外界的纷纷扰扰，独自做出的决定。

这种想法就导致我做人做事经常跑题，个人认为适当跑跑题的小逆反，在某些时候是优秀的品质，小朋友写作文除外。

雪芹公写文坑品不好，一百二十回的小说，他缺了四十回。而且他还是个大骗子，这个骗子开头就告诉读者：我是个骗子！因为他给贾雨村取名贾化（假话），表字时飞（实非，意思是"其实不是"），但就算这样，我们可爱的一根筋的读者们，还是经常被骗得晕头转向，你说这个骗子是不是高明。

我正相反，我写文乱跑题，但坑品必须好，我自己选的《红楼梦》读后感，虽然屡屡跑题，但跪着也要写完。

再说回原文，贾雨村在中进士得官之后，有没有第一时间去寻甄士隐？我以为是去过的，而且肯定没有找到。

我们先总结一下时间表，贾雨村接受资助的时间是这一年的中秋，也就是八月十五，入京参加春闱，肯定参加的是第二年春天的春试。

但第二年元宵时，甄府的家人霍启（祸起）丢了小姐甄英莲，这是正月。

三月十五葫芦庙起火，"将一条街烧得如火焰山一般"，"只可怜甄家在隔壁，早已烧成一片瓦砾场"，于是甄士隐与妻子先到田庄也就是乡下去安身，因为不安全，又辗转投奔如州的岳父家。

等贾雨村参加完春闱，殿试，再谋官，怎么也得几个月甚至一年多的时间，这期间旧友已经搬了两次家，以古代的通讯和交通技术，想找一个人，还是有点困难的。

如此待一二年后，贾雨村碰巧到应天府新任太爷，甄士隐早已随跛足道人遁世离开了。

甄士隐为什么要遁世？女儿的失踪是第一个也是最重要的打击；因失火而致家业消散是第二个原因；身体得病，甚至有下世之相，是原因之三；受岳父等亲友诸人的冷眼，看尽世态炎凉是原因之四。

这位开明的士绅，短短时间内几乎尝遍人间诸苦，又有跛足道人的棒喝，加上自身之慧根，才能看破世间了了，翻然而悟，唱着《好了歌》翩然离俗而去。不然红尘内业障重重，凡夫之人被些许的温情便蒙住双眼，不是这样切肤之痛，如何得醒，如何得悟。

佛家四正谛之"知苦、断集、慕灭、修道"何尝易懂，连佛陀身在温柔乡富贵国之时，尚不得悟。还是看了睡去美人之丑，病痛者呼嚎之苦，凡人诞生之艰难，老去之人无力回天之悲，死去之人为亲人带来的无边之痛，等诸多苦难，方得见世间真实。最后他见到了人生中的第一个僧侣，才找到了他的修行之路，以大智慧大慈悲之心，离家出世，为身在无边苦海而不自知的凡夫们，去寻一条解脱之路。

贾雨村上任时偶遇了路边买线的大丫鬟，也就是娇杏，至晚间就差人到封府问话，这说明什么，说明贾雨村看见娇杏以后，非常重视，不到半天的就打听清楚了详尽的前因后果，所以才是差人问话，而不是亲身拜访。

因为当时他已经了解到了甄士隐家人的处境，对于故友岳父这种世俗之人，当时最应该给予的，不是恩情，而是震慑，所以你在看原文的时候，才会看到让多数人不理解的差人的跋扈之行之语。这才是雨村做事的真相。

前文曾经提过，贾雨村父母亲族俱无，当他高中进士，这样"春风得意马蹄疾"之时，他最想和谁分享这份快乐？我以为是甄士隐无疑。

文人一大憾事，是"欲取鸣琴弹，恨无知音赏"，所以才会"感此怀故人，中宵劳梦想"。

我不知道诸君的生命中，是否有这样一个人，为你取得的每一分成就而欣喜不以，同样你若拿到人生的每一份满意的答卷，都想第一个与他分享，如有，那真是您人生中最大之幸事。

贾雨村在久寻挚友而不得时，偶遇了当年心中的玉人娇杏，那么他坐在新府衙，无心公事，等待差人去打探消息时，是何样的惊喜又忐忑的心情？当听到故友遭遇及遁世，是何等伤痛叹惜？

然后他就立刻象人们所骂的那样，无耻夺了丫鬟，对封氏夫人冷眼吗？

当然不是！如果说是，贾雨村岂不是真成了奸人，而不是奸雄了！

第八章 举世流俗众，从来仁者稀

日夜盼望相逢，可"会须一饮三百杯"，与之弹冠相贺人生一大快事的故友，如今"昔人已乘黄鹤去"，没有留下千载空寂的黄鹤楼，留下的是不知流落何方受苦的女儿，和依附娘家艰难捱生的夫人。贾雨村是如何出手相助的呢？

我们先看看甄士隐与夫人依附生存的岳父是什么人，书中交待封肃职业是务农，家中尚殷实，但人品却是实实在在的世俗之人，没有可称道的地方，看见女婿狼狈而来，先有不留之意，但又贪婪女婿手中的尚存的银两，于是就"半哄半赚"，给些薄田朽屋。骗完女婿，又嫌他不事生产，好吃懒做，每每说些现成的话。

脂批说"此等人何多之极"。我每看到这里，亦觉世俗人之可怕，他们不作大恶，但也不为小善，骨子里透着精明自私，日积月累，潜移默化，用无尽的小手段，一点点腐蚀你的风骨，吞噬你的精神，若你没有幡然醒悟的警惕，就会在漫长温吞的岁月里，变成和他们一样的人。因为他们永远也不理解你处世的方式，而你只能每天抱着诧异的心情，新发现世上还有人可以这样思想和做事。

我多年以后才明白，碰到这样的人，不要试图去改变和感化他们，你最该做的，是速速逃出生天，找回自己的一丝清明。

士隐遁世，也可以算是逃掉了，留下夫人，是封肃自己的女儿，他就无可奈何了，因为他只是世俗之人，不是恶人，他不做恶。封夫人日子不会幸福快乐，但也会受到父亲的照拂，这就是现实的世界，永远是灰色的。

碰到这样的人和事，贾雨村怎么办呢，他不能直接出面照顾故友的夫人，这有碍女子名节，封夫人由父亲照顾最合情理。

面对封父这样的小人物，只能先震慑，让他惧怕官威，所以才有差人上门时的跋扈，很多人都误解为这是他对故友的态度，事实并非如此，借口找甄老爷是虚，吓唬封父是实，不然差人怎么敢不经请示就带封父去问话。

然后贾老爷出面唱红脸，告诉他原委，你看他赠银的区别，赠给封父的，只是区区2两银子，而赠封夫人的，却是两封银子，四匹锦缎，这是明明白白的告诉封父，这份人情是落在你女儿女婿身上的。

两封银子是报前情，那讨娇杏对封夫人来说，就有图日后之意。

娇杏是当年偶有回顾之人，她能在甄家势败后，没有象其他仆人一样四散而去，可得一个忠字；在甄老爷去后，仍能扶助封夫人靠双手度日，也可当个义字。有这样有忠心有义举有品行的女子，进了贾雨村的后宅，才可以用照顾旧主之名，与封夫人保持人情来往。

然后贾雨村"乃封百金赠封肃，外谢甄家娘子许多物事，令其好生养赡，以待寻访女儿下落"。话说明，事做全，恩威并施，况小民怕官，可想而知封夫人以后在娘家的生活必然顺遂许多。

在那个礼教严苛的时代，贾雨村不可能直接拜访朋友之妻，当面回报。他只能迂回的，通过封父，通过自己的内宅出手，给封夫人所需的帮助。

我不知道读者是如何从中看出忘恩负义的。我看到的，是最大的善意。以身换之，有谁能在那种情况下想出对甄夫人更好的报恩方式吗？我想不出来，我认为贾雨村已经把各方的反应都考虑得周全，甄士隐若是真知道，只会感激。

这一段贾雨村与甄士隐之缘，可用脂砚斋的侧批结束，"士隐家一段小枯荣至此结住，所谓真不去假焉来也"。

关于香菱的背景交待已经写了五章，但"有命无运，累及爹娘"的苦香菱还不能在文中正面出场，因为我还要先分析一下，我们每个人都在中学读过的名篇《葫芦僧乱判葫芦案》。

第九章 补授应天府，投身如海棋

诗仙李白的《梦留天姥吟离别》诗中末句"安能摧眉折腰侍权贵，使我不得开心颜？，"每每读来，让我们这等做不上官的人非常快意，简直有睥睨天下之傲然于其中！诗里最令人憧憬的是"且放白鹿青崖间，须行即骑访名山。"洒不洒脱？豪不豪放？

然而别忘了，李白因为祖上的原因，在唐朝的时候是没有科举资格的。为了求官，他也曾写了有名的《自荐书》给韩荆州，但受了韩荆州的冷遇。后来这封《自荐书》被贺知章发现并赏识，贺知章因此将李白推荐给唐玄宗，他在43岁时才被皇帝供奉为翰林待诏。

李白经历过摧眉折腰的官宦之路，却念念不忘心中的青崖白鹿和诗与远方，才有了如此飘飘欲仙的诗句，这是诗人曲终人散后的清醒，是去官而归后，人生意义的升华。

这句诗其实也道尽了官场的一个现实，若想在官场存身，摧眉折腰是必然的，无法回避。

古代官场上等级森严势力交错，每一个表面的决策，大都是背后各方势力妥协后的结果，权力，一直都是所有事件背后无形的手。贾雨村的二次补授应天知府，这个官职本身就是这样妥协得来的，后文我们分析贾雨村与林如海的关系的时候，还会提到这一点。

贾雨村志存高远，想要"天上一轮才捧出"，更会明白一个道理，人心所求越高，头就要伏得越低。贾雨村谋得应天知府这个职位之日,这个人命官司就已经定案了,是葫芦僧乱判的葫芦案吗?不是!是权势,借贾雨村一职,借葫芦僧之口,判定的这桩案子。

为什么这样说?我们还是看看这件事情的时间节点。

葫芦僧乱判葫芦案一文的开头,就交待了雨村接案子的时间,就是补授了应天知府,一下马就接了这个案子。

紧接着原告,也就是被打死的冯渊的仆人,这个仆人跟贾雨村提起诉状时说道:"无奈薛家原系金陵一霸,胁仗势,众豪奴将我小主人竟打死了。凶身主仆已皆逃走,无影无踪,只剩了几个局外之人。小人告了一年的状,竟无人作主"。

这句话说了两个时间点,一个是薛蟠打死人后,直接就上京走了,第二个时间点是这个案子已经拖了一年了。

这一年的时间就很耐人寻味了。因为这一年时间,应该是围绕这个人命案子的各方权势博弈的时间,同时也正是贾雨村谋官二次起复的时间。

在第二回《冷子兴演说荣国府》的文中,冷子兴长篇大论了一番荣国府的来源与现状。那么有没有人问一句,冷子兴究竟来金陵城干什么来了?

冷子兴是贾府王夫人的陪房周瑞的女婿,也可以说是王府的人,我以为他就是受王子腾和贾政之命,来处理薛蟠这桩案子的。他如果是来办这件事的,怎么有闲心与贾雨村坐在那里长篇大论地演说一遍荣国府呢,这其实就已经有了招揽之意。

二人说完了话,刚算了酒帐要走时,立刻就来了一个人报喜,这个人叫张如圭,谐音"如鬼",也是金陵本地人,与贾雨村是同一案被参革职的同僚,脂批说这个人

"盖言如鬼如蜮也,亦非正人正言"。

这样一个如鬼鬼祟祟的人,为什么这个时间点就碰巧来说了这么一个消息呢?很显然这是事先就安排好的人。由此可见,这个人报的信,有可能亦是提前安排好的。他报了什么信呢?他"打听得都中奏准起复旧员之信,他便四下里寻情找门路,忽遇见雨村,故忙道喜"。

然后"冷子兴听得此言,便忙献计,令雨村央烦林如海,转向都中去央烦贾政"。

这样得来的官,是不是羚羊挂角,没有踪迹?一个暂停职务的官员,听见起复的消息,有几个能坐得住的。以当时贾雨村在林府做西席的便利,求助林如海简直顺理成章。

下面谋官的事情可以说顺利得不合常理,贾雨村求得了林如海的书信,附林黛玉入京的船只,进贾府投书,见了贾政一面后,贾政就从"竭力内中协助,题奏之日,轻轻谋了一个复职候缺,不上两个月,金陵应天府缺出,便谋补了此缺,拜辞了贾政,择日上任去了。"

看似这个应天知府的官职就在那里等待贾雨村一样的顺利,甚至可以说,有人在催着赶着贾雨村去上任。脂批在这段话中的"轻轻谋"处和"便谋补"两处都写了"春秋"笔法,何为春秋笔法?删其减,去其繁,于文笔曲折处含褒贬之意也。

由此可见,贾雨村因何起复?是贾王薛三府,为了薛蟠的人命官司善后,而锚定了于林如海处择馆而居的贾雨村。所谓的天时地利人和,皆是执掌权势之人举手风云而已。

贾雨村若早知这是一个局,会不会入此局中?我以为他是必会入的，须知世上从无易得之事，天上掉的馅饼，也必然挟裹着刀锋。何况未及深想时是没有醒悟的，他应该是在到任接案子的时候才明白的，下一篇我会写原因的。

接着作者交代薛蟠打死冯渊之后，立刻动身奉母妹上京，"在路不记其日"，其实他用了一年多的时间才到贾府，书中王夫人在接待薛氏母子入府时曾有一段话说"那时王夫人已知薛蟠官司一事，亏贾雨村维持了结，才放了心"。因为按原告的诉状，贾雨村处理这个案子是一年以后。

从金陵到京城，为什么会走这样长的时间？因为官场的人步步为营，小心谨慎，怎么象毫无社会经验的富二代薛蟠以为的那样，花几个臭钱就能了的？王府真正老辣厉害的掌权人王子腾，怎么会让这样明晃晃的人命案子树在那里，让政敌做为把柄来捉？必然要想万全之策，一劳永逸而已。顺便还要施恩收服有手腕有谋断的贾雨村。这样万无一失后，薛家母子才可以高调入贾府，王子腾也才可以顺利升了"九省统制"离京。

有这样翻手为云覆手为雨的权力插手运作，这一桩葫芦案大局已定，文中葫芦僧如何费尽心机卖乖出丑已经不那么重要，芸芸众生小民，皆为棋子尔。

第十章 孤女求生路，尔雄重所依

"几行归塞尽，念尔独何之。暮雨相呼失，寒塘欲下迟。渚云低暗度，关月冷相随。未必逢矰缴，孤飞自可疑。"每每翻开书页，看到香菱两个字，总会无端的想起崔涂的这首《孤雁》。

幼年失怙是人生一大悲事，作者深切地怜惜这个女孩子，给她取名英莲（应怜）和香菱（相怜）。世人皆知"养女方知世道险"，有一冰雪样清秀的孩子，家境优渥，是父母掌中独一无二的珠宝，被万千宠爱，活得天真无邪，无忧无虑。

这一切在五岁那年元宵节戛然而止，她眼前的幸福突然坍塌，一个满心满眼都是狠毒恶意的拐子，占据了她的整个生命，从此漫长的岁月里，伴随她的是粗野虐待。一个尚未能理解这个世界的孩子，心里一定布满涛天的惊恐，我不知道世上的恶人如何面对孩子们那一双双惊恐的眼睛，我只要稍一想象，心里就要缩成一团。

更为可恨的是，从古至今，我们的世界里，总会源源不断的有孩子重复香菱的悲惨命运，现代许多道貌岸然的正义之辈，竟能视之不见，无法阻止！

读者们为什么痛恨贾雨村？那是因为我们都痛惜身陷劫难的香菱们，我们盼望她们的生命里能有光，让她们快快逃出炼狱，再有许多的爱，来弥补抚慰她们幼时无边的伤害。

可是，贾雨村听到香菱的消息时，表现得太冷漠了，这给万千的读者们带来了深切的失望,我们替香菱们愤怒!

当我们愤怒过,失望过,然后再冷静下来想一想,设若你是贾雨村,你会怎么断这个案子,怎么安排香菱的命运?

如果是今天,我们的警察遇到香菱,他们肯定先把拐子绳之以法,也许判五年,也许判十年的有期徒刑。香菱得以回家,与母亲外祖父团聚,然后她可以重新上学,以她后来与黛玉学诗的灵性,肯定学业有成,没准成为女性里的精英,活成一代天之骄女甚至霸道女总裁。
但香菱没有活在当下。虽然现代女权主义一直抗议女性地位的不平等,但与真实的历史比较起来,我们这个时代已经是对女性,最开明最友好的时代,这是世界文明的巨大进步。

所以用现代人的思维来看古代,总有一点不合适宜。以上作法能适用于对女性重重束缚的古代吗?

其实当这个案子摆在贾雨村的面前,香菱今后的命运,就同贾雨村息息相关,一个小小的门子,都可以在提到英莲是他旧日恩人时,连连冷笑不以,何况他人。贾雨村既然如此心思通透狡诈,自然心知肚明,可以说当时世人的眼光和读者们一样,都聚焦在贾雨村如何对待故友之女身上。

当贾雨村发现香菱时,摆在香菱面前的路其实似是而非的有三条。

第一条就是读者们期望的那样,香菱能够马上回家,与封夫人团聚。其实这一条如果做到,读者们对贾雨村的骂声就不会那么多了。但这条路对香菱未必是好。

如果甄士隐未隐，家业未散，仍是姑苏的望族，以他的名声财力，护住受尽苦难归来的女儿，为她搏出一片生天是有可能的。

但万事都逃不过可惜二字，士隐不在，家财已失，封夫人附在娘家靠封父过活。封父是个什么样人，我们在前文已经分析过，如果香菱此时归来，在封父眼中是什么形象？他或许会怜惜自己的外孙女，但怜惜之后呢，这一等愚昧之俗人，会有何能力，为她寻得何样的归宿。

古代的礼教对女子的名节何等严苛？我们去全国各地旅游时，在一些旅游景点，看到那些保留下来的零星的贞节牌坊，难道不是最好的佐证。那一座座牌坊，到底埋葬了多少女子的青春和血泪。

我们看香菱是慈母心，可那时的世人看到的只是一个失节的女子，自幼与拐子生活在一起，长大后两度被卖。这样的女孩，会带累家族名声，以当时的礼教，只会吃了她。而且以家族血亲的名义，贾雨村连出手相助的立场资格都没有。诸君以为的好，对香菱是真正的好吗。

第二条路其实已经堵死了，但也不防做个对比。那就是如果冯渊没被打死，香菱顺利成为冯渊的妾室。

书中借门子妻子的口劝慰香菱的话，难道就也劝住了我们吗？贾雨村对门子叹惜"这英莲受了拐子这几年折磨，才得了个头路，且又是个多情的，若能聚合了，倒是件美事。"他真的觉得这是件美事吗。

我们先看看书中给冯渊安排一个什么样的人设？小乡绅之子，父母双亡，家有薄产，好男风。文中借别人之口说他多情，是因为给香菱一个妾室之位，然后说只娶这一个女人。但在我看来这只说明他不喜欢女人，怎么就成多情了呢。

　　从这一点也可以看出世人对香菱的轻视，给一个不喜欢女人的人作妾这样的归宿，对香菱来说都成了求而不得的好事。我为莲卿一哭！

　　若冯渊父母尚在世，那个年代的父母讲究不孝有三，无后为大，父母会成为香菱天然的同盟，但惜乎没有。冯渊只娶一女，却不娶作妻，而只作妾，其中之意也好猜，不过是不给香菱作为妻子的权利来约束自己罢了。这样一个自私透顶之人的多情，值得几多？

　　然而即使是这样一条糟糕的路，都没有给香菱留下，作者笔下描写的世间真实，留给弱女子的，只有森森的恶意。

　　前两条都成必死之路，留给香菱的，也只剩下无路可走后的第三条路：归于呆霸王薛蟠。这是贾雨村为香菱选的路，在贾雨村看来，这几乎是唯一的生路。而这个选择，也得到了当时普世价值观的认可。

　　如果专门分析一下薛蟠这个人，他本人是不是真的那么不堪，是值得商榷的。但从书中的表面来看，哪怕薛蟠是个十足的混帐，英莲也几乎再没可能有别的选择了。

第十一章 当头一棒喝，醒梦两辙异

在山泉水清，出山泉水浊。这句诗出自杜甫的《佳人》，窃以为形容官场最妙，那些科举出身的官员，都是读着圣贤书长大的，为官之初，个个胸怀为国为民之志。这几乎不用怀疑，若不把圣贤之言读成信仰，那样万里取一的科考，必然是通不过的。

在山中时，泉水必然是清的，流出山林后，再清澈的净水历经世间尘污，也必然会浊。为什么纯文人，大文豪大诗人都做不好官？因为他们过于爱惜羽毛，固执于守护内心清明，官自然是做不好的。

浊不好吗？也未见得。官场是最好的入世修行。佛渡世人，慈悲是发心，但大悲大能都大慧。地藏王菩萨许愿：地狱不空，誓不成佛！他必然要面对与治理阴间最多种种的恶，白衣染尘，却心似琉璃！

在《葫芦僧乱判葫芦案》里，贾雨村对门子说"你说的何尝不是。但事关人命，蒙皇上隆恩，起复委用，实是重生再造，正当殚心竭力图报之时，岂可因私而废法？是我实不能忍为者。"

这样堂皇正大的一段话，为什么引起脂砚斋的极力反感，连批了四个"奸雄"，两个"全是假"。

因为这句话真的是假的，当你把一句誓言挂在嘴上，这句誓言就成了工具。当你深爱一个人的时候，必然会很少提他，天天挂在嘴上的，无论同性异性，那肯定是哥们儿朋友，朋友是用来干什么的？是用来插刀的嘛，屡屡向人提起，必然是要借这个朋友的势而已。

为何这里"全是假"？这是与他第一次科举后作官做个对比，那个时候才是真！

我们来看看贾雨村第一次罢官的真正原因，书中说"虽才干优长，未免有些贪酷之弊，且又恃才侮上，那些官员皆侧目而视。不上一年，便被上司寻了个空隙，作成一本，参他'生情狡猾，擅篡礼仪，且沽清正之名，而暗结虎狼之属，致使地方多事，民命不堪'。"

这句话很有意思，如果这是百姓说的，大概八九不离十，但如果是上级说的，那就涉及到立场的问题了。

上级看下官，与百姓看父母官，大都是反着的，肯为了百姓反抗上级的，罢官时多半都是这个借口。这句话说白了就是：本来大家已经达成一种官官相护的和谐，结果你来了为百姓乱出头，乱挑事，搞得大家吃不好饭，真是刺头。

如果真的查有实据，此是重罪，就不是罢官这样简单了。书中真实情节却是，贾雨村虽然被罢官，但家资和功名都未受损，自己仍然可以"担风袖月"，四处去浪。为什么呢？掌权的人估计看了也亲切，官场又来一愣头青啊，这种错误没准哪个科举出身的官员都多多少少犯过，所以轻轻地给个教训，就放他去悠游天下去了。

等他糊里糊涂地二次谋官成功，如果刚到任时尚未清醒，那么在这一段文中，等"王老爷来拜"，也就全明白了。

我们联系一下前文，第一回中甄士隐与贾雨村正哥俩好聊天的时候，话刚起个头，有下人回说"严老爷来拜"，甄士隐就丢下好哥们去会客了。这个客是谁呢，因为"严"通假"炎"，所以脂批说"炎也。炎既来，火将至矣。"说明这个老爷是对紧接下来事情的预示，因为不久葫芦庙失火，炎老爷果然来了。

"脂"是给"芹"评论的知己，不是真的象我调侃的那样，是搞剧透来插刀的，所以他提示了严老爷，就不再提示王老爷。

王老爷来了，脂批只说"横云断岭法，是板定大章法"，这是又一次突兀的截断剧情。

我一开始单纯理解为"王老爷"代表王权，权势，预示贾雨村掌权的机会来了。但又联系上下文，王老爷来时，贾雨村正在看护官符，那会不会看到第三行，"东海缺少白玉床，龙王请来金陵王"中王家的人来了呢。因为脂砚斋说"都太尉统制县伯王公之后，共十二房。都中二房，馀皆在籍。"那么本地王家是有很多人在的。这个王老爷就有两重含义。

王老爷来干嘛来了？他来告诉或者暗示贾雨村，他的官是因何而来的。贾王薛三府为这个官职费尽心机，多方筹谋，总要当事人明白吧，不能找个糊涂鬼啊！

那么贾雨村恍然大悟之时，是何心情，原来十分对贾府王府的感激之情，大概总要去了七分吧！我以为你情深意重爱上我，原来你是与我谈生意！谈生意就谈生意吧，生活总要继续过，官儿还得继续好好当。

所以后来门子说"老爷补升此任，亦系贾府王府之力"，贾雨村立刻回说他是"蒙皇上隆恩，起复委用"，又关贾家王家什么事？我与两府仅是交易，我伤心了，只感激皇上。此处疑点是，一个小小的门子，由何处得知堂堂知府老爷的官位何来？必然又是事先得了一些人的吩咐，经由门子之口，向贾雨村传达如何结案之实。

为什么"全是假"？这段贾府王府知遇之恩，就全是假！

这里插写一下葫芦僧。门子聪明不聪明，聪明！他有口才，有手腕，有心机，又狠毒！他知道贾雨村全部的底细，却又因见识与眼界的原因，只知其一不知其二，这样一个心机不正的人，以知府恩人自居，刚一见面就意欲干预贾雨村的断案，日久年深，谁又能用，谁又敢用。而且他深知英莲的底细，为防他以后生事，以贾雨村奸雄的认知与心胸，发配了他是必然的。这是雨村与沙门一段前尘往事的了结。

贾雨村自风光进士及第以来，堪堪三载，看上级，看下属，看世情，看权势，又有何感悟？我辈愚民，光是看文，已有眼花缭乱之感。

第十二章 迎莲红楼梦，送子青云梯

"根并荷花一茎香，平生遭际实堪伤。自从两地生孤木，致使香魂返故乡。"这是《金陵十二钗副册》为首的判词，讲的正是踏上不归路的香菱，《红楼梦》中的《金陵十二钗》，无论正册、副册和又副册，在册列出的女子"千红一窟"、"万艳同悲"，个个都逃不过悲惨的命运结局。

但在香魂返故乡之前，香菱在大观园里，是的的确确地过了一段无忧无虑的快乐日子的。

书中香菱第一次正面出场是在周瑞家的眼中，这个周瑞家的其实就是前文提到过的，演说荣国府的冷子兴的岳母。

在《红楼梦》第七回送宫花的情节里，作者插写了一段她女儿为女婿冷子兴求情的一段，当时周瑞家的十分不在意，漫不经心地说晚上回一回太太，也就是王夫人就行了，为什么她这么笃定？我理解为，这是因为冷子兴刚刚处理完薛蟠的人命官司，有功在身，在大领导王夫人那里是挂了号的，所以作为奴仆的周瑞家的才有这样的底气。

周瑞家的在送走刘姥姥后，去给王夫人回话，这里面有个小细节，见刘姥姥的是王熙凤，周瑞家的回复的却是王夫人，可以暗示为王夫人才是贾府的实际掌权人。

王夫人当时在梨香院，也就是薛家在贾府借住的地方。周瑞家的在进门之前，看见"王夫人的丫鬟名金钏儿者，和一个才留了头的小女孩儿站在台阶坡上顽"。脂批在这里提示说"莲卿别来无恙否?"

金钏是王夫人身边排名第一的大丫鬟，人以群分，由此可以大概推断出香菱当时在薛姨妈身边的地位，必然是不低的。

如果按常理来看，这是有一点说不通的。对薛姨妈来说，因为这么一个小姑娘，独子出了人命案子，家里皇商地位被夺，女儿参选公主伴读的资格取消。在一个母亲心中，这样的女孩子应该是个祸水一流人物，薛姨妈没有打杀了她出气，为什么反而提她到高位，当成副小姐养了起来呢。

我以为这就是贾雨村之力了。在"葫芦僧乱判葫芦案"一回中，贾雨村从门子口中听到故友之女的消息，并没有怒形于色地表达感情，那是隔壁大妈该做的。他表现的异常冷静，甚至还接着门子的话头，口是心非地敷衍了几句，这也可以理解，他若有感慨，必然不会对着一个自己看不上品行的小人物去说。那么他和谁去说了呢？我以为他去跟王子腾和贾政说的。

贾雨村乱判了案子后"急忙作书信二封，与贾政并京营节度使王子腾，不过说"令甥之事已完，不必过虑"等语。"这个"等语"里面，语的是什么呢，我以为肯定提到了香菱。

提香菱，是因为他与故友的感情吗？是的，但更重要的是，这一句是他为了自己的仕途，必须要提的一笔。

贾雨村的复官，薛蟠的官司对他来说是一次考验，但绝对是一个机遇。若是个平庸之官，案子也能处理得好，一个门子都能将愚民之术用得如此精妙，何况官员。

案子断好，酬以一个知府官位，贾王二府给的回报也算丰厚。

但对贾雨村这样的大才来说，到这里怎么可能，这是一条青云路啊，因为王老爷是来了的，必须要抓住。那么信中对故友之女的顾惜之情，就是他展示人品的机会，不忘贫贱之交的仁义，才是可能打动王子腾贾政之流的地方。

打动了两府的掌权人，贾政与王子腾为了收服已上了船的有才又有德的贾雨村，又何惜小小后宅女子的位子，这些小事儿根本不在他们眼中，只要稍微同薛姨妈提起，丈夫去后，只能依靠兄姐之力的薛姨妈，肯定会做到尽善尽美。

而且这种走向，并不是我人个的臆断，香菱对贾雨村的依附关系，在《红楼梦》的十六回，交待的非常明显。十六回的故事情节推进是非常快速的，而且全是大事要事，先是秦可卿的丧礼办完，接着夏太监降旨贾元春封妃，几乎同时贾琏同黛玉回贾府，同行的还有贾雨村。这里面有一个非常奇怪的细节，贾琏回府后，先回内宅见了贾母等人，又回到凤姐房中说话，堪堪说完，就有下人回说"老爷在书房等二爷呢"。然后贾琏就匆匆忙忙地走了。这里面说的老爷应该是贾政，贾雨村送黛玉进贾府，贾政必然是接待贾雨村的人，这时候他急找贾琏，要商量什么事？既然有急事未完，怎么贾琏不先办理，却先回了内宅呢？这说明他们要商量的事，就是贾琏在内宅要确认的事。贾琏与凤姐多少大事没聊，反倒在这个久别重逢的时节，把香菱被正式纳为薛蟠的妾这件事说得详详细细。先是贾琏说在薛姨妈处迎面碰见了香菱，而且薛姨妈还正式地介绍了是薛蟠的妾室，这就很奇怪，这样一个重要的日子，贾府正堂内肯定贵女如云，薛姨妈居然把一个儿子的妾室带进去，还迎面让贾琏看到了，那必然是让贾琏故意看到的。作者也借凤姐的口说得清楚，说姨妈"摆酒请客的费事，明堂正道的与他作了妾。"贾琏随即去了书房，就是去给贾政或者说贾雨村交待这件事的。

这样的思路是不是很熟悉，比之曹操迎文姬归汉如何？

不管奸雄是何谋算，弱女香菱是的确受惠的。香菱生得美吗？这是勿庸置疑的，冯渊最厌女子，却要立意娶她，脂批说"最厌女子，仍为女子丧生，是何等大笔！不是写冯渊，正是写英莲。"让一个最厌女子之人为她丧生，这是写香菱之美；

在绮罗丛中长大的薛蟠，见他生得不俗，为她不惜将人打死，这也是在暗示香菱之美；

作者又通过周瑞家的之口，形容了香菱的相貌："倒好个模样儿，竟有些象咱们东府里蓉大奶奶的品格儿"。东府里的蓉大奶奶，就是兼有薛林二美的秦可卿。这是明写香菱之美。

香菱之美，正是贾雨村在演说荣国府时提到的，秉天地清明灵秀之气而生，于万万人中，一眼可以看出来异色。这样的美，在旧社会是一种特殊资源，普通人家是养不住的，必然招祸。

贾雨村为全故友情义，为惜自身名声，留香菱在公侯之府内都是一条最正确的路。美人，放在众多美人之中，就显现不出来了，对香菱这个无父母可依仗的女孩来说，的确已是最好的归处。

所以我才说，贾雨村此举，是得到了当时普世价值观的认可的。至于以后对故友之女如何照拂？关系摆在明面，只要贾雨村仕途向好，就是对香菱最大的照拂。以贾雨村的个人经历，他是把娇杏扶作了二房的，那么香菱如果真的坚持到了贾雨村权力的巅峰时期，她未必不会是第二个被扶正的娇杏。

至此，还有人说贾雨村对甄士隐忘恩负义吗？我一直认为，贾雨村是有权谋之人不假，也算不上光明正大的英雄，但他绝对不是一个忘恩负义之人。这个思路，我同样也思之于他与贾府，他究竟是不是贾府二臣？我以为，他根本就不是贾府之臣，又何来"二"与背叛一说？

这一点，就要从他与林黛玉的故事里去展开了。

第十三章 授徒总角起，平地生波澜

贾雨村之与娇杏及香菱，情节集中在《红楼梦》开头的几回，而且贾雨村都是正面出场，可分析处甚多，我也几乎将能想到的节点都尽量交代了。

进入正文后，他就由明转暗，再未发一言，只偶尔一两次从书中其他人的口中，得知一点细微消息。《红楼梦》后四十回若能由雪芹公完成，我们大概还能看到雪芹在终章时对他的描写，但惜乎未有，真是人间一大遗憾事。所以写到最重要的主角林黛玉，倒无话可写，只能以凭空杜撰揣测为主。

前几日朋友留言探讨，我回复他写文的依据，仅仅是读前八十回原文。为什么不读后面四十回？大概是由俭入奢易，由奢入俭难。我从小时开始读《红楼梦》，看到八十一回就犯困，这也是无可耐何之事。幸好幸好已经中学毕业，现在写作文再不用担心老师来批改，方能得以边读书边写评论，自娱自乐，自成一方小世界，偶又能娱乐一干老友。

又因为自家才疏学浅不敢从学术方面入手，窃以为做学术研究的都是大才大能。我对自己的定位一直是小才微善，涓然一脉。只负责做风花雪月不事生产的背景绢布，虽假，也能衬得家人朋友的生活有点花团锦簇似的热闹。

若说贾雨村对香菱的关照是言念故友甄士隐，相比之下，贾雨村与林黛玉是真正有师生之谊的。

他给黛玉做了足足一年多的老师。每日里看到一个小小人儿梳着抓纽纽儿，端正地坐在大书案后，玉雪可爱又灵动狡黠。慢慢地在自己的陶冶教育下，居然会写诗填词作文章，古人有师徒如父子一说，贾雨村一颗狡诈阴险的老心，估计也曾被小女儿之憨然依赖感动过的。

古代老师的地位：天地君亲师。

如果说贾雨村与甄士隐是由利转义的贫贱之交，那么他与林如海，应该是真正的在精神上有共鸣的知己之交。

贾雨村是进士出身，林如海是某一科的探花。参加过高考的同学都明白，两人若聊起当年高考的事儿，大家总免不了会心一笑。这种相似的经历总会让人有惺惺相惜之感。

林如海能聘请贾雨村做自己独女的西席，首先是对他品行和才华上的双重认可，这种看重如果是来自于出身才华与仕途皆高于自己的林如海，相信贾雨村应该会感动于知遇之恩。

贾雨村在得知朝庭起复旧官的的消息后，毫不犹豫就求助于林如海，而不是百般踌躇，这足以说明二人平日里的交往是非常密切的，估计比之贾政与那帮子他养的"不善人"（卜单仁）之类的清客，自是另一种截然不同的风采。

而林如海也立刻就写了推荐信，并且很周到地安排他护自己的女儿一起入京，这对他是全然的信任。正是基于这种信任，我以为才有后来的将黛玉托孤之举。

林如海是什么人呢，书中介绍说"原来这林如海之祖，曾袭过列侯，今到如海，业经五世。起初时，只封袭三世，因当今隆恩盛德，远迈前代，额外加恩，至如海之父，又袭了一代；至如海，便从科第出身。虽系钟鼎之家，却亦是书香之族。"而且他是在职官员，职位是扬州的巡盐御史。江南豪富，自古以来，都是皇帝的钱袋子，盐政更是重中之重，能担任这个职位的，一般都是当时皇帝最亲信的人。

林如海祖上从龙，有军方的支持；自己高中探花，有士林的支持；有皇帝的宠信，得到最大皇权的支持。虽然书中未明说，但比起贾府的空架子，林府才是真正的炙手可热。

黛玉作为林如海独女，身份极其清贵。她因丧母，一进荣国府的时候，的确只是抱着走亲戚的态度的，所以周瑞家的最后一个送宫花给她时，她可以立时就发作出来；和宝玉一起去薛姨妈处看望宝钗的时候，也可以毫不犹豫地挤兑宝玉的乳母。她此时虽丧母伤心，但父亲尚在，她仍是金尊玉贵的大小姐，喜怒随心，天真烂漫。

等她二进荣国府后，全文中再也看不见她发作奴仆的情节，读来真是让人体会到深切的悲哀。

林如海为什么送女儿进贾府，表面上的原因也简单，古代女孩在议亲的时候，有个"丧亲长女不娶"的潜规则，如果女儿在幼时没有年长有身份地位的女性教养，大家族对女孩的品行能力都是持怀疑态度的。

林如海在劝女儿去外家的时候，说道"汝父年将半百，再无续室之意，且汝多病，年又极小，上无亲母教养，下无姊妹兄弟扶持"。脂批评说"可怜，真是一字一滴血，一字一滴血之文"。怎么愿意与独女分离呢，自然是一字一滴血，地位与危机都是并存的，官职有多重要，风险就有多高。

此时贾雨村随行，表面上看是附女学生的船只入京谋官，实际上是因为有林如海的信任，使女儿黛玉有一亲近长辈在路上看顾之意。

上文交代过，这次贾雨村复官，虽是贾王二府之力，但却是二府先谋之于贾雨村，是一场公平的交易。所以此时，自然不能说贾雨村就成了贾府之臣属，只怕别人能说，风鹏正举的贾雨村私底下也是不认的。

"人事有代谢，往来成古今。"

此时的黛玉于"危樯独夜舟"中，尚不知道此一别，再见慈父已是病重时，从此后茕茕独立，虎狼环伺，自己人生的危机方真正开始。

此时的贾雨村护徒入京，于"潮平两岸阔，风正一帆悬"之时，也没有想到，这一段与林如海的知己之交，不但给了自己复官的第一个机遇，又在临缘尽之时，给了他仕途腾达最大的助力。

第十四章 云旗暗箭涌，雨幕风刀寒

《红楼梦》中有一场最经典的黛玉葬花情节，从行为艺术上来说，可以说达到了最高最美的意境，至今再无出其右者。而且在第二十七回的时候，黛玉为此作了一首长诗《葬花吟》，我在背《红楼梦》里诗词的时候，第一首背的就是它，因为当时觉得太美了。

可是一本书读得多了，都免不了去思索结尾是什么，这个太吊人胃口了，脂批说这本书草灰蛇线，伏脉千里。人们读得越多，简直一定会走火入魔。后来我再看诗中有一句就觉得特别触目惊心，就是那句"一年三百六十日，风刀霜剑严相逼"。

《葬花吟》是一首关于葬桃花的诗，若是单写桃花，经历一春，也就谢了，所以这一句一年三百六十日是写人，很明显就是黛玉自伤的句子。

那么问题来了，从书中表面交待的情节看来，这句很不通。若是小外甥女住在外家，哪怕是收养的，外祖母的宠爱尚在，最多是小姐妹们生闲气，下人们多嘴，情窦初开个宝哥哥，偏又有个他看见就忘妹妹的宝姐姐。

说来说去都是小女孩的那点子心事，怎么就到了风刀霜剑严相逼的地步，为赋新辞强说愁也愁不到如此严重。

因为这首诗不是感怀身世的诗句，而是冰雪聪明的林妹妹，敏感地查觉到了自身的危机。这种危机已经杀气腾腾到让她恐惧，所以才会让弱龄的小女孩一年三百六十日，无一日安枕，无一刻安心！

脂批在读这首诗时评说"举笔再四不能加批",实在是不忍心啊!这个危机来自于哪里呢,我以为应该从她的父亲林如海去世开始说起。

书中第十二回末尾提了一句"谁知这年冬底,林如海的书信寄来,却为身染重疾,写书特来接林黛玉回去。"时间是这年冬底,这个时间点很重要。谁送黛玉回去的呢,是贾琏,这其实又是一处对比。因为当年黛玉来的时候,是林如海说的"岳母念及小女无人依傍教育,前已遣了男女船只来接",很明显只有仆人来接,当时林如海郑重托付贾雨村,是因为有老父担心奴大欺主的原因的。

同样是贾府,若单单送黛玉回去探病,怎么就用到了贾琏呢。贾琏虽然名义行二,但他其实是贾赦长子,荣国府爵位的第一顺位继承人。这样重要的人物要去,是因为有必须要这样身份地位的人去才可以处理的事。这里面的利益关系太大了,一般的仆人,甚至只有身份没有办事能力的宝玉都不行,老一辈贾政或贾赦出面又太惹眼了,所以贾琏是最合适的人。

这一句轻描淡写地说完,作者就不再提黛玉了,直接就写了秦可卿的那场声势浩大的葬礼。

到第十四回,王熙凤协理宁国府中间,借着从苏州回来的一个仆人昭儿的口,才提到了林如海的死信,"林姑老爷是九月初三日巳时没的。二爷带了林姑娘同送林姑老爷灵到苏州,大约赶年底就回来。"

就是说贾琏从去年冬月出发,今年九月初三林如海才去世,要到年底才回来,这一去,就是一年多的时间。同样的问题:这么长的时候他去干什么去了?

第十四回的题目是"林如海捐馆扬州城,贾宝玉路谒北静王",这两句其实是因果关系。"捐馆"是专门用来形容在任官员去世的,林如海明面上不是因罪被罚身死,而是病死的。上文我也分析到林如海有军方,士林和皇帝的支持。这说明林如海身后留下了庞大的经济和政治遗产,贾琏就是以其嫡女黛玉最亲近的母舅家身份,去参与处理或者说瓜分这些遗产去的。

很多红学家对秦可卿死后的葬礼规格之高无法理解,所以出现了很多好笑的解释,甚至连她是公主都考证出来了。但我觉得这个最不靠谱,因为秦可卿是小说中的人物,或许她在现实生活中有原型,但既然是虚构的人物,那么这些不合理的地方,应该都能从书中找到原因,作者对这本书"批阅十载,增删五次",在全书的逻辑上必然是严谨的,不大可能出现这么大的漏洞,还要后人读者把书中人物设定都给推翻。

秦可卿本就是秦业从养生堂抱来的弃婴。她的房间为什么会有那些涉及到皇家的摆设,从书中看这很好解释,贾代化是与先帝打天下的将领出身的,古代造反的军队可没有三大纪律八项注意啊。当时兵匪不分家,除了抢到皇帝玉玺不敢私藏,如果抢到一些公主后妃等没有政治意义的珠宝,当然可以自己留下来,甚至皇帝也是默许的。秦可卿是宁国府二代内宅当家人,屋里摆出这些东西并不奇怪。

实在要较真,作者罗列这些珠宝的目的也不是为了表示她的地位很高,而是想表达她是个比较多情和艳情的人。这从东西的名目上就可以看出来,其实都是些无法考证的子虚乌有之物,"案上设着武则天当日镜室中设的宝镜,一边摆着飞燕立着舞过的金盘,盘内盛着安禄山掷过伤了太真乳的木瓜。上面设着寿昌公主于含章殿下卧的榻，悬的是同昌公主制的联珠帐。"这些若是真的，难道后面说的"展开了西子浣过的纱衾，移了红娘抱过的鸳枕"也是真的？不嫌旧吗？简直岂有此理。

如果就是这么一个普普通通的小媳妇，为什么贾府把她葬礼规格提得这么高。贾珍就蠢到把自己与儿媳妇的私情拿出来大肆宣扬吗？就是他不顾惜体面，难道那些王公贵族们，就为这么一点上不台面的事情来捧场吗！这是大大不通的。

所以秦可卿的葬礼，只是一个贾府掌权人物私下商量好的，拿来试水的借口，贾珍为了葬礼好看，买官都买到明面上去了，甚至棺材都要用千年樯木的，这都是在做给人看的，葬礼规格若低，那些要来的人，可以什么借口来呢？所以必然要大哭不止"长房内几乎灭绝无人了"。尤氏也必然会病，若不病王熙凤就没有借口协理，王熙凤不来，怎么把这件事变成宁荣二府的第一头等大事呢。

贾府把架子搭起来了，都谁来了呢？该来的就都来了，比如设祭的"第一座是王府东平王府祭棚，第二座是南安郡王祭棚，第三座是西宁郡王，第四座是北静郡王"，这是四王，再来的比如前所列的一串八公。不该来的，比如贾府的死对头"忠顺亲王府"就没来。

在冷子兴演说荣国府的时候，明明已经说贾府子孙不继，已经开始衰败，怎么忽然又风云际会地焕发生机了呢？因为以当时的政治潜规则，皇帝龙目所视，就是风向所标。

林如海的去世，背后隐藏着新一轮势力争夺，让执掌皇权的人物开始集体"看这里，看这里"。于是来了的，是给他们看的,不来的,也是给他们看的。这是王朝内新旧势力的一次大亮相。

挟裹在政治风云中的弱女林黛玉,其悲局命运,此时就已经注定了。林如海的官职是巡理江南盐政,江南盐税从古一直都是皇室的钱袋子,新旧势力相争,必然最先从争资源入手,人事之党争还在其后,林如海危,作为独女的林黛玉如何不危。

第十五章 亲事初方定，费他百万钱

在《红楼梦》第十六回时，贾琏带着黛玉回到荣国府，伴随而来的，是这一场争权较量终于尘埃初落定。至此，新旧两方势力，都意得志满。在一段时间内达成了一个新的平衡。随之而来才有了大观园里，一众小儿女们悠长而美好的岁月。

本一回从贾琏口中，出现了降旨省亲的太上皇，这无疑代表旧势力。太上皇的存在，一般是为了避免新旧势力在交替时出现大的动荡。既然有新皇帝，权力的让渡是必然的，但如何让渡才能让双方都满意呢。

林如海新理盐政，必然是代新皇去理的，初期旧势力盘根错节，太上皇一派丢了江南财政，何以泄愤，林如海的身家性命是最好的平衡。林如海，或者说林黛玉的危局正是如此。随着两股势力对江南经济大权的争夺，林如海已到了不得不病的时候，所以才会出现他一字一滴血的将女儿托孤荣国府的一幕，荣国府属太上皇一派的旧势力，自己若败，能护住黛玉的唯有外家。

江南的盐政，很明显是落入了新势力的手中，林如海的性命平息了太上皇的怒火，旧势力退守京城。因此才有宁国府一场葬礼，四王八公集体亮相，有抱团取暖，展示势力庞大之意。做为补偿，新皇用后宫换朝堂，才会出现降旨省亲，高调安抚旧势力。后宫中与贾王二府关系最近的贾元春封贵妃，林如海的去逝，才是贾府鲜花着锦烈火烹油的真正原因。

处于漩涡中心的林如海，在临逝之时，当然会竭尽平生之力，为独女安排一条平安富贵之路。他是怎么安排的呢？

首先，就是女儿的终身大事，这几乎是无庸置疑的。我们看贾母将外孙女与孙子贾宝玉，分别安置在碧沙橱内外的深意在此。

王夫人在林黛玉进府的第一天，提醒她不要理宝玉的话，很多人理解王夫人不喜林妹妹，提前警告她远离宝贝儿子。在我看来，恰恰相反，此时宝钗尚未进贾府，也没有金玉之缘的打算，薛家对宝钗的前程规划是入宫参选，王夫人初时是同意宝玉和黛玉的婚事的。那么怎么让一个小女孩对一个小男孩迅速建立好感？得先让她看进眼里才行，有这样郑重的看似贬义的一番话，肯定吊足小女孩的胃口，好奇心，是好感的第一步。

每个母亲都对自己的儿子有谜一样的自信与自恋，何况宝玉的性格，的确容易获得小姑娘的好感。

对一个孤女来说，嫁回舅家是最安全的，小儿女互有情谊，外祖母和嫡亲的舅舅又是亲情最大的保证。林如海当然会考量小女儿的心意。

但是作为一个老辣的政治家，林如海不会单纯相信亲情，所以林府内四代列侯积攒下的，约二三百万两白银的家财，作为嫁妆，提前就抬入了荣国府。

他当时可能没想到，这些家财进了贾府，立刻就大部分变成了大观园里的砖瓦木石，剩下的也短时间内被这批蛀虫们挥霍一空。

仅仅是嫁妆当然不够，没有足够的监督，豪奢的家财只会给女儿招祸。于是他安排了最重要的一步棋贾雨村。

贾雨村应该是林如海托孤之人，作为交换条件，他几乎继承了林如海的全部政治遗产，也就是人脉。

所以我们在黛玉二进荣国府的时候，看见了消失许久的贾雨村的身影。书中说"贾雨村也进京陛见，皆由王子腾累上保本，此来后补京缺，与贾琏是同宗弟兄，又与黛玉有师从之谊，故同路作伴而来。"贾雨村的这次飞黄腾达，直入京城，全得林如海之力。

为了给黛玉铺路，贾雨村这条线，应该是在寻师的时候就准备好了的。

先看一下荣国府中贾宝玉读书的待遇，他读书目的是科举，入的是贾府族学，族学中只有一个年纪老迈的贾代儒，学堂日常管理的，就是个人品学识极不入流的贾瑞。

相比之下，黛玉一个女孩的西席却是正经的两榜进士，这是极不寻常的。

而且在贾雨村在林府担任西席期间，林如海对他非常礼遇，一般的西席，在豪门府上都是半清客半仆的身份。

同样比之于贾府，在第九回，在贾宝玉刚开始入族学读书的时候，曾提到贾政说道"那怕再念三十本《诗经》，也都是掩耳偷铃，哄人而已。你去请学里太爷的安，就说我说了：什么《诗经》古文，一概不用虚应故事，只是先把《四书》一气讲明背熟，是最要紧的。"

这样关于孩子学业方向的，这么重要的一句话，贾政居然让一个仆人去吩咐，可见西席在贾府地位之低。

而林如海对贾雨村日常都是以"兄"呼之，言谈间亲切尊重，更有护送黛玉进京之谊，这些都暗含深意。

所以我说贾雨村根本不是贾府之臣，若认真说起来，他实是林府甚至是林黛玉之臣才合适。

林如海临终提的这个人选，妙就妙在得到了三方的认可。林如海是新皇势力在江南第一批送命的忠臣，他提的人选，新皇首先不会反对；贾雨村是新科进士，与双方的势力都没有很深的纠缠，所以太上皇一派不会特别反对；而贾王二府因为薛蟠的案子，正好与贾雨村合作愉快，现在大家就继续幸福地在一起吧。

这才有王子腾保本，随贾琏一起上京的情节。其实他护送的，仍是他的学生林黛玉。

那么林黛玉与贾宝玉此时有婚约吗？我以为是有的，很可能就是口头的婚约。而且直接的见证人就是贾雨村等和一众江南势力的官员。

这件事是得了贾母与贾政的认可，由贾琏经手办理的。在书中的第六十六回，曾提到了一个情节，一个跟随贾琏出远门的仆人兴儿，在奉承尤三姐时，言辞非常确定的说了贾宝玉的婚事："只是他已有了，只未露形。将来准是林姑娘定了的。因林姑娘多病，二则都还小，故尚未及此。再过三二年，老太太便一开言，那是再无不准的了。"

他说是林姑娘定了的，自然是定有婚约。他是跟着贾琏去出门的仆人，应该目睹了当时事情的经过，小仆人都能知道，定婚在苏州应该是公开的。

但为什么这场婚约在京城反而没有人提了呢，这应该是双方都默许的意思。贾宝玉不是荣国府的第一继承人，家长给他安排的未来是走科举出身，过早订亲的确会对学习有影响，就和现在的家长反对孩子早恋是一个道理，贾府这样提，合情合理。而且这样的思路，在书中第七十八回，王夫人向贾母回禀袭人留与宝玉作妾的主意时，不明说的主意是贾政的,"且不明说者,一则宝玉年纪尚小,老爷知道了又恐说耽误了书"。贾政当然不知道王夫人想让袭人作妾,自然不是因袭人说的这句话,那自然是因为宝玉和黛玉订亲,却不能明说的理由了。贾母的回答里有一句"我深知宝玉将来也是个不听妻妾劝的"。明明在说妾的事,怎么跑出来一个妻呢,那就是大家都默认当初宝玉是有内定的妻的。

对林如海来说,也有不提的原因,如果大张旗鼓的订了亲,黛玉反而不能住到贾府去了,那时的未婚小夫妻连见面都是不合适的,何况同居一府。不明说婚约,让她以嫡亲的表妹身份住进来,才能更好的照顾尚年幼的女儿。

万千绸缪的慈父林如海,自认为有这样多方安排,保自己一个不影响时局的小女儿安全已经万无一失,又如何想到"秋草独寻人去后,寒林空见日斜时"。时移事易,亲情褪色,人心幽微,如珍似宝的女儿进了血脉相连的舅家荣国府,却成了一剂"人身养荣丸",落得个冷月葬花魂的凄凉下场。

第十六章 贾府存两心，深宫第一箭

黛玉二进荣国府，贾雨村高升入京城，这师徒二人真正难过的日子才开始。

我们先看看贾雨村的处境，为什么说他的官难做？

授官时他得到三方的认可，三方都支持在升官的时候是优势，但这个优势有个致命的弱点，就是三方都对他有期望，导致这个官做的举步维艰，稍有不慎就会里外不是人。

大家都抱有期望，最终就是大家都会失望。这个难处在书中第72回，得知贾雨村再次罢官时，贾琏说得很清楚："真不真，他那官儿也未必保得长。将来有事，只怕未必不连累咱们，宁可疏远着他好"。

这当然是后话了，贾雨村进京的时候，还是踌躇满志的，而且刚入职合作，双方都会有个蜜月期，过了这个蜜月期，一切矛盾才会显现出来。

就象现代二人结婚一样，谁的婚姻不是始于爱情呢？但一朝步入婚姻，生活习惯，价值观，若干只神兽，事业起伏，经济好坏，泰山泰水及翁姑甚至大姑子小舅子，也齐来出力，大家聚聚合合，是是非非，能走到最后还能相信爱情的，哪一对不是经历了九九八十一难呢？

在初期，贾雨村与贾府的关系非常好。比如在修建大观园时，第十七回"大观园试才题对额"时，贾政对众人说："我们今日且看看去，只管题了，若妥当便用；不妥时，然后将雨村请来，令他再拟"。

这么重要的事情为什么要贾雨村来？一是显示有关系亲密，另外暗含着，当初修大观园动用黛玉嫁妆，是得到贾雨村的认可的。按照林如海的临终之意，贾雨村算起来应该是黛玉未成年时的监护人，此时尘埃刚刚落定，贾府还未露出欺凌孤女的狰狞之相，凡事还有商量，动用林黛玉的大笔嫁妆，必然要得到林黛玉监护人的许可和监督。

贾雨村也明白，这样一笔巨额财产，单凭黛玉是护不住的，林如海本意就是用家财换黛玉一生平安的。终究这样动用，是用在明面上，时人眼神锋利都看得见，造成的舆论对维护黛玉是有益处的。

看起来是不是很有意思？认真说，大观园里所有人，其实都是住在黛玉的陪嫁房子里。第二十三回，贾元春忽然发出一道谕来，让诸姐妹住到园子里去，当然是因为这个原因。

书中提了一句一般被皇家临幸过的园林的处理方法，若园林是贾府以自己财力名正言顺建的，那么"幸过之后，贾政必定敬谨封锁，不敢使人进去骚扰"。然而真实原因是动用了表妹的嫁妆，再封起来就有点不那么硬气了，所以，第一应该是让黛玉住进去的，才能堵上悠悠众口。

但你看她下的谕旨，其实已经看出这位贵妃可不是雍容大度的人。"遂命太监夏守忠到荣国府来下一道谕，命宝钗等只管在园中居住，不可禁约封锢，命宝玉仍随进去读书"。

黛玉嫁妆建成的房子，她明发的谕旨中却提宝钗和宝玉。这就是上位者的胸襟呀！

孔子把"德不配位，必有灾殃"中的不配总结为三种情形：德薄而位尊；智小而谋大；力小而任重。三种有其一，则"鲜不及矣"。

贾元春很明显就是第一种德薄而位尊。她进宫多年，未有寸进，因姑父去逝得封贵妃，风光归宁又得益于表妹的嫁妆，一朝得势便猖狂，不思感激回报，反而向孤女表妹射出了"风刀霜箭"中的第一箭，甚至有迫不及待的嘴脸。这样愚蠢无德之人，皇帝又不是傻子，怎么会请来当作枕边人。这才是这位贵妃有位无宠的真正原因。

真真可惜可叹，贾府之存续，新皇因为心腹林如海之女黛玉，是给了他们机会的，然而棋盘上最后一块生局，却摆着这样一颗量小无德的棋子。设若元春以此为契机，真心也好假意也罢，明里暗里一片高调示好表妹黛玉，引导朝堂内外的舆论，做到真正的贤德二字，以身作则，约束府中子弟，得到皇帝及后宫的敬重，虽不能挽回大势，但保自身及娘家平安是可能的。

须知林如海已逝，三方都是受益者，黛玉作为一无所有的孤女，是一个站在道德至高点上的政治符号，是连太上皇都不能也不敢明欺之人。我们家乡有一句俚语，叫"踢寡妇门，挖绝户坟"，最为世人所不耻，有欺天之怒。

谁也不敢轻易碰欺负孤女这条线，若碰必然会被传统道德唾弃，有时候弱势也是一种势。黛玉其实是贾府的一层保护伞。

新皇不可能将旧势力一网成擒，必然采取拉一批，打一批的策略，这里可操作的空间很多。贾府善待黛玉，就是善待宝玉，就是善待自身，可惜若大的贾府气数已尽，竟无一人能看透。

贾探春为什么得到大家的喜爱，她看得通透啊："可知这样大族人家，若从外头杀来，一时是杀不死的，这是古人曾说的'百足之虫，死而不僵'，必须先从家里自杀自灭起来，才能一败涂地！"而且她舍弃自身远嫁和亲，是为自己的亲娘和弟弟搏出一片生天的；后来整个贾府大厦已倾，贾宝玉要在"椟中求善价"，探春的弟弟贾环却仍能以自由身称王称霸。

贾元春若有贾探春的智慧，《红楼梦》的结局可能就要改写了。王夫人和赵姨娘哪个是真正聪明的人？看看她们各自教养出来的女儿，大概可以推测。赵姨娘若不表现出愚蠢泼辣，早不知死过几次，何以能在势力大如王夫人的手底下，生儿育女，且能险险求存。

这样的自杀自灭，是从最初就自上而始的。贾府真正的上位者才德不足以凝聚人心，政治上又没有足够的智慧和手段可以选择正确的方向。朝堂上的贾雨村被时时掣肘，无论如何也独木难支。不但官难做，最重要的是做官难呢。

第十七章 任重危方近,师恩护亦难

李白在《蜀道难》里说"噫吁嚱,危乎高哉!"高则危,省亲后的荣国府里韶华盛极,无人警醒,此时危方至矣。

建议大家如果有时间,一定要读一点《易经》,这本经书被尊为"群经之首,大道之源",它凝聚了中华传统文化里最高深的人生智慧。这是一本让人清醒又让人振作的奇书。

当你处在人生最好的状态,你就一定要清醒,因为哪怕是最好的乾卦和坤卦,在上九和上六的时候,是"亢龙,有悔",和"龙战于野,其血玄黄,其道穷也"。

而哪怕你处到人生的最低谷,十二位的否卦中上九为"倾否,否极则喜",四十七位困卦里上六说的是"虽困,有悔,征吉"。继续走下去,就会走出一片生天来。

易经六十四卦中,只有十五位谦卦是"亨,君子有终。"从头到尾都吉,因为自始至终都谦虚警惕。

这本书有一种力量,让人在得意浓时迎棒喝,最暗黑处有微芒。

当然说起来容易,身陷锦绣繁华里,人很难有不喜笑颜开的。飞来的二三百万两横财,掩盖了贾府中明面上的所有矛盾,让一切都开始歌舞升平起来。

二三百万两不是我猜的,在《红楼梦》第七十二回的时候,贾琏曾对凤姐抱怨了一句说"这会子再发三二百万两的财就好了"。为什么说"再",因为已经发过一次财了，黛玉家四代列侯一代盐政，积攒下若大家财，不到几年的时候，就被挥霍一空。

当家人最先知道钱不够用，此一回里不肖子孙已经开始偷贾母的东西去卖了，这才是后继无人呢。

这笔财产本该是黛玉的护身符，结果落到了一群无德的人手中，反而成了她的催命符。为什么这么说呢？婚事没有明说，嫁妆却被花完，黛玉此时连外嫁的希望都没有了，如果外嫁，人们要问，林府留给女儿庞大的嫁妆在哪里，谁能补出这么大一笔财产，既然补不出来，为了遮丑，林黛玉就只有两条路：要么嫁给宝玉，要么死在贾家，没有第三条路可走。所以黛玉与宝钗之争，看似争的是爱情，实则争的是活命的希望。聪明如黛玉，与宝玉论情谊自然是有一些，但"洒向空枝现血痕"的泪里，争得有多么不甘不愿呢。

贾雨村因林如海的托咐，对自己的学生，确实是出尽心力的，但也做得非常艰难。比如在书中第三十二回里贾宝玉就抱怨贾雨村，"有老爷和他坐着就罢了，回回定要见我。"

果然是痴儿尚未醒悟，他见贾政贾赦是拉拢攀附，见一个无权无势的小孩子算什么巴结呢，那是他替林如海在见，次次必见宝玉，是对薛家和王夫人这些人的震慑。贾雨村和贾政对宝黛婚约是达成一致的，贾政此时也认可黛玉。黛玉后来在凹晶馆与湘云联诗的时候，曾提过，大观园中的四处景致，凡黛玉提的字，她舅舅都用了。贾政虽有反，初时也曾正的。

那又为什么说贾雨村维护得很艰难呢，在书中第四十八回里，因为夺取石呆子扇子一事，平儿口曾切齿骂过贾雨村"半路途中那里来的饿不死的野杂种！认了不到十年，生了多少事出来"！然后从平儿口中，交待了强买扇子事的始末。

这句话是平儿对宝钗说的，她说的时候，作者特地交待了一句"且说平儿见香菱去了，便拉宝钗忙说道"，她那么急着跟宝钗说，为什么还要等香菱走了才说？因为大家都知道，香菱是得贾雨村庇护的。当面说就要得罪人了。

平儿是凤姐和贾琏的喉舌，她的切齿之恨，还有一大串话中字里行间的厌恶，其实是针对贾雨村对黛玉的维护。他们在黛玉身上做了亏心事，这件亏心事居然有一位在京的正经官员，知道得一清二楚，而且时时用各种手段来提醒他们，监督他们，这个人真是太可恨了，他不倒台，我们怎么摆布林黛玉？

这件事儿是从平儿口中说的，平儿对黛玉极度不喜，这个我们后文再具体分析。但从一个有成见的人口中能说出来的所谓真相，我们可以先存疑。但这件事又只出现这么一次，所以就不太好判断是非。

分析完前文的"葫芦僧乱判葫芦案"一文后，与强夺石呆子扇子一案相比，会让我觉得这两个案子有那么一点一脉相承的意思。

葫芦案子，我们前文讲得非常清楚了，他最终，维护的是香菱。那么我觉得，作者举了这个石呆子的例子出来，是讲他在维护黛玉。

贾雨村夺扇子，表面上巴结的是贾赦。贾府名义上的最高领导者，走的也不是正道，这也没有办法，贾赦本身变是个不走正道的人，想投其所好，就没办法作出光明正大的事来。贾雨村接触不到内宅，而贾赦和贾政都是黛玉的亲舅舅，对于黛玉的婚事，他们两个是最有话语权的人。

这个思路应该是对的，而且巴结这两个人，对他的仕途又不会有坏的影响。

可惜贾雨村可以影响男性当家人，但却无法影响倾轧非常隐秘的内宅，这是贾雨村力有不逮之处。

如果我的推断是正确的，那么大观园里两个重要人物，香菱和黛玉的命运，是与贾雨村的仕途紧紧联系在一起的。

贾雨村处理好薛蟠的案子，做稳了应天知府，香菱成了薛姨妈身边的大丫鬟。

贾雨村升职入京的时候，也就是在第十六回，贾琏刚带了黛玉回府，就从他与凤姐的对话中交待了香菱当时的情况："故此摆酒请客的费事，明堂正道的与他作了妾。"雨村升职，香菱也就水涨船高地升了职。

第七十二回贾雨村又一次罢官降职，紧接着第七十八回中，香菱就遇到了命中的劫数夏金桂，香菱在《金陵十二钗副册》中的判词是"自从两地生孤木，致使香魂返故乡"。我判断后四十回中，除了刚开篇就死在天香楼的秦可卿，香菱是第二个死去的在册（《金陵十二钗》副册）女子。

贾雨村降职势败，香菱当然不再值得回护，她落到恶毒主母与糊涂丈夫手中，必死无疑。薛姨妈与宝钗等到香菱被欺凌至无法挽回时才假意回护，至此时才是真正的拔去肉中刺，眼中钉。

那么黛玉呢，黛玉与香菱还是稍有不同的，她身上牵扯到了巨大的利益，有豪奢的嫁妆，还有贾府命根子宝玉的婚姻。《红楼梦》第一回道士唱道："因嫌纱帽小，致使锁枷杠"。说的就是贾赦与贾雨村，当然嫌纱帽小呀，官职稍低，往大了说怎么实现"人间万世仰头看"的抱负，往小了说，怎么护得住公府深宅里的病弱学生！

第十八章 琳琅珠泪落，绛草潇湘怨

有朋友看了我前面的文章问我："这得翻多少遍，才能摸清楚这些门道？"说到这个真是太惭愧了，如今忽忽半生已过，回忆起来竟然没有干过几件正经事儿，很多人认为做事如果没能带来经济上的收益，那都是没有意义的。可惜我一大半时间干的都是别人口中眼底没有任何意义的事。我虽安慰自己说"不做无用之事，何以遣有生之涯"，但还是因为无用而经常心虚气短。

全职妈妈是个庞大而沉默的群体。我在家许多年，带着三个娃，深刻体会其中的艰难，这种艰难不是体现在经济上，更重要的是体现对自身价值认可上。如果不幸又读过几本书，年深日久的孤独下去，会渐渐摧毁历年来建立起的自信与骄傲。

可是我如今却越来越感激自己曾经的不务正业，随着年龄的增长，我发现人的许多优势与特质，都来自不务正业的闲暇时间。

我跟孩子们聊天时戏言，将来他们若是工作，要紧处记得，老板给的工资，一定体现的是你的未来价值，而不是过去的简历，你要确保自己时刻持有未来不可替代的优势。

因为任何时候，筹码一旦落下，就成了人的短处。所以历来的开国皇帝，立国后最先做的大事，就是先把一起打天下的老哥们挨着个涮一遍，赵匡胤能杯酒释兵权，不伤性命，已经是历史上少有的仁君之举。

所以黛玉的巨额嫁妆进了贾府，就变为她的催命符，立刻就成了她被针对和打压的原因。

王夫人年至五旬还要在婆婆贾母身边立规矩，等到多年媳妇熬成婆时，来了一个过去功劳这样大的儿媳妇，对贾府未来又无多少益处，这让一个目光短浅、胸无点墨的婆婆如何拿捏，又如何能忍。

黛玉是被两榜进士教育出来的，她一直都很清醒。书中第四十五回"金兰契互剖金兰语 风雨夕闷制风雨词"，这两句同样是因果关系。黛玉为什么放低身段接受宝钗赠的燕窝？因为如果想得到他人的好感，最快的方法就是接受对方举手之劳的帮助，并真心感激。

那么她又为什么一定要与宝钗交好？因为时至今日，她只能将希望寄托在对手的不忍心上。她试图通过宝钗与薛姨妈的口，向王夫人示弱。

她那一大串话中，最重要的是一句"你不过是亲戚的情分，白住了这里，一应大小事情，又不沾他们一文半个，要走就走了。我是一无所有，吃穿用度，一草一纸，皆是和他们家的姑娘一样"。

她想告诉王夫人，嫁妆之事她不会再提，她就是一个依附外家的孤女，一无所有，求高抬贵手，念下超生。

这样低的姿态，出自清高超逸，目下无尘的绛珠仙子，看得我也想郁闷得大哭一场才好。所以宝钗走后，她夜不能寐，写下了字字含泪，滴滴沁愁的《秋窗风雨夕》。形势比人强，林妹妹已经山穷水尽，不得不出此下策。

钗黛之争，根本上不是争的儿女情长，黛玉争的是自己的身家性命，而宝钗争的是家族前程。

钗黛之争，也因为势之强弱，从来都不是一个层面的争。

黛玉没有亲近的长辈全力支持，看似支持她的风烛残年的外祖母，身份却是贾府的最高领导者，也是宝玉的祖母，这样多重的身份，让她的支持从来都不是纯粹的，是犹疑的。

贾母对女儿和外孙女的感情自然深厚，她只能保黛玉的底线，就是不伤性命。黛玉之死，如果不是在贾母之后，也必然会对老人家造成巨大的精神打击，如果连命根子一样的外孙女都护不住，说明贾府之败，已到山穷水尽的地步。

贾母的态度变化，从书中也能体现出来。

在第二十八回时，贵妃从宫出赏赐出的节礼，宝玉与宝钗的是一样的，这其实已经有了明确的指婚之意。老祖母的态度是非常愤怒的，反击也极其强势。

贵妃为清虚观打平安醮只给了一百二十两银子，这是一件极小的事，但贾母却以此为借口，把宁荣二府的人全部都发动起来，做成一件声势浩大的祭祀活动。在清虚观里，她借与去世的老国公爷关系密切的清虚道人之口，对贵妃的打算给予了坚决的否定，而且这场反击相当有效，宫中的贵妃对此事立刻三缄其口，从此再也没有发表过意见。

但到了第五十五回，凤姐与平儿盘算贾府未来的财务预算时，凤姐提了一句："宝玉和林妹妹他两个一娶一嫁，可以使不着官中的钱，老太太自有梯己拿出来"。

凤姐哪有那么大脸可以支配贾母的梯己财产？这必然是老太太自己的意思，她此时的态度里，宝玉和黛玉的一娶一嫁，已经是两件事了，而且她也决定从自己的私产中，尽力的补偿黛玉的嫁妆，也就是说，贾母已经转变态度，不再看好黛玉与宝玉的婚姻。

这一切到底是怎么发生的？这就是宝钗的高明之处。

黛玉因为势小力薄，只能从身边人出手。她最主要争的是宝玉的心意，因为宝玉在贾府中的重要地位，使得他有些微力气反抗的。但这种反抗因为宝玉的晚辈身份，必然会杀敌八百，自损一千。

效果还是有一些的，比如第五十七回时"慧紫娟情辞试忙玉"，导致宝玉离魂，高高在上的薛姨妈立刻就"慈姨妈爱语慰痴颦"，薛宝钗甚至在此时提出妥协，让黛玉嫁给自己的哥哥薛蟠。

我们读者眼中，薛蟠自然是个一无是处的浪荡纨绔，但在薛姨妈和宝钗看来，薛蟠可是地位身家性格无一不好的大好青年，书中明确指出薛蟠是紫薇舍人薛公之后，嫡房唯一的继承人。以一介商人出身，能拿到开国皇帝的薛公之称，此家之豪富绝非寻常，或者说，这是在开国之时因资金入股而得到的拥立之功。

而且我特别注意了脂砚斋对薛蟠的评语，脂批在提到薛蟠的时候，经常说他是"阿呆"，语调一直比较亲昵。说明在脂砚斋心中，薛蟠是有他的些许可爱之处的。

呆霸王可爱在何处？读者们对薛蟠的反感，是因为我们几乎每个人在上学的时候，都在语文教师们的鞭策下，熟读了《葫芦僧乱判葫芦案》。在这篇文章中，薛蟠是个负面的在逃杀人犯形象。这种形象根深蒂固，导致我们再读到这个人物描写的时候，不由自主的就带了有色眼镜。往往就忍不住从书中找他的缺点，忽略了他的优点，要命的是薛蟠的一个很大特点就是性格直爽和口无遮拦。

实际上我在后文中很明确的分析得出结论，薛蟠是没有杀人的，他是这个案子里最冤的那个人。当摘掉杀人犯这个帽子后，相信读者们再重新读到《红楼梦》中对薛蟠描写，从他对母亲的孝顺，对妹妹的呵护，对宝玉黛玉私下出过力，对朋友的义气，很可能得出一些不一样的评价。

所以为兄长向黛玉提亲，在宝钗看来，这是巨大的让步。当然如果黛玉如果为了惜命就答应，那她就不是"质本洁来还洁去"的林妹妹了。若如此，勿宁死而已。

再观宝钗，她从一开始就根本不屑于争宝玉之心意。而是一直是从高层出手，由上而下全力的压制。《金陵十二钗正册》判词中第一句的就是"可叹停机德"，这说的是宝钗，第二句"堪怜咏絮才"说的才是黛玉，她在众芳之中，高居首位，甚至连黛玉都稍有不及。因为宝钗的手段，高出众人太多，甚至不束缚于闺阁之内。

作者为什么这样爱惜大观园内的所有女子？因为她们都各持所长，各专其美，让人惊叹赞赏，欲罢不能。

不然，何以众多书籍中，《红楼梦》独占一帜，产生这样深远的影响。连哈姆雷特在一千个人眼中都有一千个形象，何况《红楼梦》里数不清的嫣妍群芳，若你翻开书页，哪怕亿万之人，总能从中找到你爱的那一款好女子。

第十九章 金钗智计尽，锦偶终难全

钗黛之争，因为隐约现于花前隔雾的深院云廊，伴随着莺啼画堂与雪落疏窗，静静倾诉着初梅新月般的小儿女情怀，引人笑泪，沁人心神，历来都为人们所津津乐道，我也忍不住在这里多提几句。

以黛玉之纯粹，初时尚未完全醒悟，争也于些微本能中带着的一片天真烂漫之意。

而宝钗不愧是大家手笔，她得天之厚，生就了雪肤妍貌，手段却暗含风雷之音，如同高手弈棋，步步为营，环环相扣，从一开始，就有心胜无心，她做的是局和势。

入贾府之初，宝钗就走了第一步棋，制造舆论，借莺儿之口，抛出了来历亦有不凡的金璎珞。贾宝玉的玉上显字"莫失莫忘，仙寿恒昌"，她的璎珞上鉴字就是"不离不弃，芳龄永继"，连宝玉自己都惊呼，与自己的玉是一对儿。

这一步其实非常厉害，立意也很深远，为人父母祖母的，谁不希望自家的孩子有金玉良缘，草木如何争得过金玉？

这一招既出，几乎已立于不败之地。连贾母也没有办法直接化解，只能借清虚观打醮，由清虚道人寄出了金麒麟，来混淆视听，反击说谁家的孩子都有金，难道都想来配宝玉吗？但这在手段上已是在避其锋芒了。不管怎么说，黛玉是没有金的。

宝钗走的第二步棋，就是冷香丸，冷香丸的刁钻难配，是宝钗亲口说的，谁也不知道其真实性，她通过王夫人的心腹周瑞家的之口将药方详详细细的传了出来。

这一步也非常厉害。厉害在哪里呢？这是在为宝钗自己在娘家的地位背书。薛家是丰年好大雪之薛，她家的优势就是个有钱。那好，她把这一点发挥到极致，第一她家有钱，第二她娘家肯为她花钱，这一招又俗又招人恨，钱通鬼神，谁都不会明说这一招有效，但这一招最有效。

什么时候最有效？当贾府缺钱的时候就最有效，贾母最后的让步，就是败在这一招上的。贾府上下奢华成性，积重难返，然而黛玉的嫁妆已经是沉没成本，不再有未来价值，但宝钗的财产，还高悬头上，等你来拿。

天予不取，贾家的人难道是傻子吗，当然不是，贾家人都机关算尽，他们只是想不到最后也算尽了自己的身家性命。

这样来势汹汹的两步棋出来，黛玉方才警醒。但她毫无还手之力，能为她造势的父母已经故去，贾雨村不能顾及内宅，这些闺阁中的小手段也无法诉之于口。

她唯一能做的，就是提醒同样不明所以的贾宝玉，书中第十九回她就对宝玉说"蠢才，蠢才！你有玉，人家就有金来配你；人家有'冷香'，你就没有'暖香'去配？"

贾宝玉是听了进去的，所以第三十六回，"宝玉在梦中喊骂说："和尚道士的话如何信得？什么是金玉姻缘，我偏说是木石姻缘！"他是不是在借梦中的话讲给坐在身边的宝钗听呢？大概率是这样的原因。

第二十八回，宝玉跟王夫人说，要给林妹妹配药，用的全是大热大补之材，其实就是惦记为妹妹配暖香丸之意。宝玉用心，也的确定是尽了的！

不知道大家有没有注意到，同样是在这二十八回，描写了王夫人为数不多的，与黛玉亲切说话关心的场景，那是为什么呢？因为马上就来了贵妃赏赐的节礼，宝玉与宝钗所赐之物一样，黛玉与贾家姐妹的是一样。王夫人以为，提前与贵妃安排了赐婚，黛玉已经彻底出局，大势已定，心事一去，她也乐得扮演个慈祥的好舅母。

谁想到贾母当头反击，贵妃偃旗息鼓，一切又回到原点。

那么贾母为什么不府像内下人形容的那样，直接开口明示宝玉和黛玉的婚姻呢？这就如同双方谈判，谈出个双赢双妥协的结果最好，如果贾母一方以孝道强压下来，是会让矛盾激化的，这对黛玉非常不利。

外祖母风烛之年，黛玉年纪又小，婚姻之好，本就该是双方你情我愿的事。所以贾母提出黛玉若嫁，嫁妆由自己出，这是为黛玉准备另一条出路，也是一颗温和而坚定的筹码。娶宝钗固然得薛府之财，但嫁黛玉同样也要失贾母之财。当家人只好斟酌衡量。

宝玉的婚姻之事，在双方都不肯低头让步的情况下，就无限期的拖了下去。薛宝钗也开始在细节处下功夫，交好史湘云，逢迎贾母，笼络下人，螃蟹咏菊花谱吟飞絮，甚至交好黛玉，大观园里呈现出一片飞花逐月，诗酒相逢，令人心驰神往的青春女儿烂漫时光。

第二十章 惺惺复相惜，恨恨何又叹

宝钗与黛玉，同时出现在金陵十二钗判词的首句中，作者对二人的样貌与才情的描写，从来都是不相上下，各秉千秋。她们虽然因为立场的不同，站在相争的两面，但若说互相之间没有惺惺相惜之意，那任谁也是不信的。

以二人都是自持才高又目下无尘的性格，如果对方不是这样超凡脱俗，还配不上做自己的对手呢。所以宝钗与黛玉二位小姑娘的关系，或好或恼，一直都是"岭树重遮千里目，江流曲似九回肠"，让连身在局中的贾宝玉都经常云里雾里的摸不清头脑。

书中第四十九回，贾宝玉就特意追着问林黛玉，她和薛宝钗"几时孟光接了梁鸿案"？

这句话含着举案齐眉的典故，我倒不觉得这个典故象人说的那样，形容着夫妻恩爱，应该是单方面表现孟光很贤惠，坐在那里等着接案的梁鸿却是个大男子主义，所以让梁鸿举案孟光来接，似乎是不大可能的。

在贾宝玉心中，让黛玉对宝钗好，那也是不大可能的。

不得不说一句，这就是宝钗的魅力！艳冠群芳的宝钗，若想对一个人好，那必然是全方位无死角的温柔覆盖。

只一场螃蟹宴，就可以让"惟大英雄能本色"的史湘云把她当成亲姐姐。何况黛玉的心思如此细腻敏感。

宝钗第一次出手的温柔，就击中了林妹妹心中最柔软的地方，她不是讨好黛玉，她抓住黛玉在宴席间错用《西厢记》中戏词的失误，然后去教导她。

这就让黛玉无法抵挡了，黛玉虽然也是生活在绮罗丛富贵窝中，但因为自幼父母双亡，在青春期，最缺少这种语重心长的、来自年长女性教导，先不论教导的内容是否令林妹妹心服，这种姿态立刻就能被通透多情的妹妹所感知并感激。

《西厢记》一类的书，充满了女性反叛的精神，传播的思想极其不符合当时女德要求，所以在古代被称为"淫词艳曲"，是严禁女孩子们去看的。但这类书用词华美缠绵，对喜爱诗词的人又有极大的吸引力。所以连宝钗也承认，她们在家的时候也偷着看。

就象我们在上学的时候，老师的推荐书目里从来不会列上琼瑶女士的言情小说。但只要读过书的女孩子，又有几个不是通通读了个遍的！

我们这个年纪女性当初的爱情观，受琼瑶女士的影响太深了。那种爱情当然很令人向往，最符合十八九岁情窦初开的女孩子的审美。可是当岁月把爱情里隐藏的真实，一点点的展现在我们眼前的时候，有多少人却终落得个"玉惨花愁出凤城，莲花楼下柳青青"呢？

就像在书桌底下偷看琼瑶小说，被班主任抓住了一样，黛玉一开始被宝钗的指责吓慌了神，开始服软求饶，但随即宝钗说的一番话，心肺里掏出来的一样温柔，连我做读者的，也忍不住想叫姐姐了，何况林妹妹。

以后的情节顺理成章，互剖金兰语，送燕窝，一日三次的拜访探望，认宝琴妹妹，认薛姨妈做娘。宝钗对黛玉的喜爱也一直是真心的，甚至后来，替妹妹打算，似真似假地试探着替自己兄长提亲，也都是一片真心实意的温柔。

然而那隐藏在岁月静好背后的政治风云，怎么会容得下纯净无邪的好呢？当所有努力都不能改变结局，宝钗也只能黯然转身，站回自己处的阵营。妹妹固然灵秀可亲可爱，然而姐姐还有家族要拯救成全。

宝黛之争从何时起，由温和，进而胶着，继续深入，又转为尖锐，最终逼得黛玉赴死呢？我们还是要从贾雨村这条暗线说起，

这里同样有非常重要的一个事件，就是贾雨村在"葫芦僧乱判葫芦案"后，再次插手一个扑朔迷离的案子，强夺石呆子的扇子。

关于夺石呆子扇子一事，一直都是所有读者一致痛骂贾雨村的重要证据，但别忘了，作者早就说了：其实不是！因为贾雨村表字时飞（实非）。

要想写清楚石呆子夺扇这件事，我们还要回过头来，再一次分析一下"葫芦僧乱判葫芦案"。我觉得整个《红楼梦》全文那么多精彩绝伦的章节，为什么我们国家教育部要将这么一章，我最初一点也不喜欢看的一个案情始末，收录进我们的中学语文教材，没准儿我现在持有的观点，有幸和当初选材的这位大学者有相似之处：因为这一章太重要了！

第二十一章 一波龙虎争，再析葫芦案

我经过反复推敲，得出的结论是整个《红楼梦》里，隐藏在故事情节之下，一共有两次新旧势力政治上的冲突，第一次就是以"葫芦僧乱判葫芦案"为信号，由此开始，新势力展开了对旧势力的第一次猛击。

表面上，这个案子在正文开篇之前，就结束了，实际上，后文中除了宝钗进贾府时王夫人提到的案子完结原因，和周瑞家的在第一次见到英莲问了金钏一句："那香菱小丫头子，可就是常说临上京时买的，为他打人命官司的那个小丫头么？"这个案子由作案人薛蟠在后文还提到了一次，只不过不太显眼，很多人就忽略过去了。

在第三十四回"错里错以错劝哥哥"中，宝钗因为宝玉挨打的事跟薛蟠吵架，有一段话："薛姨妈道："你还装憨呢！人人都知道是你说的，还赖呢。"薛蟠道："人人说我杀了人，也就信了罢？"这句话其实很奇怪，因为一个葫芦僧乱判葫芦案，不但书中的人都说薛蟠打死了人，读者们也人人皆知他打死了人。

但薛蟠这句话的意思，却是人人说他打死人，他实际是没有打死人的。事情已经平息很久，薛蟠没有必要在家里同母亲妹妹说谎。那么我有一个猜测，薛蟠根本没有打死人。

但是冯渊的确是死了的，冯渊谐音"逢冤"，给人的感觉是冯渊是冤死的，然而从案子表面上看，他分明是被打死的，根本不是死得冤。但如果他的死另有隐情，那是不是就是冤了呢。

而且，薛蟠自家人说自家事，如果不是他打死的人，有没有可能薛蟠也是冤的呢。他又被谁冤的呢？

贾史王薛四大家族因为互有极近的姻亲关系，一荣俱荣，一损俱损。但贾府有贾珍贾赦贾政等，都是现任官员；史家还有两位侯爷，也就是贾母的两个侄儿；王家有王子腾；只有薛家最弱，当家人是没有正经官职的，只挂了个皇商之名。薛蟠年纪又小，可以说，是政敌最好的打击对象。

薛蟠没有打死人，那么整个葫芦案里，最冤的应该是薛蟠。因为拐子将英莲卖给了冯渊，却在第二天就把英莲又卖给了薛蟠，这件事本身就不合理。肯定不是无缘无故就发生的。

拐子七八年前拐到了人，能够隐忍这么久才出手，他为人狠毒是一定的，同时也说明他不是个傻子。那么是什么促使他只隔一天时间，就堂而皇之的把自己的摇钱树英莲卖给两个人？只能说，从冯渊买人开始，就有人针对薛蟠的性格设了一个局。

冯渊本人就是是经过选择的，没有亲族，好掌控，好处理后事。他就是钓薛蟠的饵。

所以你看，薛蟠身上背上了人命官司，但不管是作为亲舅舅的王子腾还是作为亲姨夫的贾政，乃至于王夫人和薛姨妈，所有长辈都没有发一言责怪薛蟠，因为他们都知道这是一个骗局。

贾雨村判了个糊涂的案子，并没有人去细究，只要能糊弄住百姓就可以了。因为参与的多方私下里都心知肚明，薛蟠摊上的，本就是个糊里糊涂的冤案，下棋的人在这里布下了一颗小小的棋子，就放下不管了，薛家虽富，却不能影响大局，将来事易时宜，贾府势败之时，这就是覆灭薛家的引子，贾府势大之时，吃掉这颗棋子也不是时机。

如果这样分析，薛家举家入京就合理了，他们其实同黛玉的目的一样，都是避祸而来。

行事豁达的宝钗为什么一定要同自己欣赏喜欢的颦儿妹妹争，也有了合理的解释，黛玉争的是命，宝钗争的是家族存亡。大局如此，争的手段各凭本事。有太多的读者，为宝钗和黛玉谁好谁坏，喜欢谁不喜欢谁吵得面红耳赤，实际上这两个都是权力斗争下，不得不争的苦命女孩，各有苦衷，既可爱，又可怜！

第一次争端是新势力挑起的，他们来势汹汹，最后落难的是双方中家庭势力较弱的嫡系，比如林黛玉，比如薛宝钗，还有后文提到金陵十二钗之六的妙玉。这三个人都是在第一次争斗中，失去家族的庇护，共同来到京城的荣国府避难。

关于妙玉的来历，在十八回中通过王夫人请他入府，明写了她的来历，说他是"带发修行的，本是苏州人氏，祖上也是读书仕宦之家。"

身世与黛玉相仿，都是"如今父母俱已亡故，身边只有两个老嬷嬷，一个小丫头伏侍。"

来京的原因是"因听见长安都中有观音遗迹并贝叶遗文，去岁随了师父上来。"妙玉入京的时间与黛玉宝钗入京的时间相仿。

"他师父极精演先天神数，于去冬圆寂了。"她师父是妙玉在父母去世后的守护人，却与林如海和秦可卿去世的时间相仿，也可以推测为新旧势力争斗的局中人。

从第四十一回贾母率众人在栊翠庵吃茶，妙玉拿出待客的茶具可以看出，她出身豪富清贵，身世甚至高过黛玉。她在贾母等品茶时，单独约了宝钗黛玉出去，不约贾家的小姐，大家都不觉得奇怪，因为她们三个的来处是一样的。当然眼睛盯在钗黛身上偷跟出去蹭茶喝的贾宝玉不算。

在文中第六十三回，邢岫烟入贾府后，曾向贾宝玉又点到了妙玉的来历。与王夫人当初的欲盖弥彰不同，邢岫烟眼中的妙玉更为真实："我和他做过十年的邻居，只一墙之隔。他在蟠香寺修炼，我家原寒素，赁的是他庙里的房子，住了十年，无事到他庙里去作伴。我所认的字都是承他所授。我和他又是贫贱之交，又有半师之分。因我们投亲去了，闻得他因不合时宜，权势不容，竟投到这里来。"

这句话里反映出两个信息，第一个信息是邢岫烟家租的房子是妙玉家的，说明妙玉所在的蟠香寺，就象贾府有铁槛寺一样，是私家庙宇，而且家庙的规模还不小，是有自己的房产的，这说明妙玉家绝不是普通的世宦读书之家，而是豪门世家，所以在第一轮新旧势力交锋时，如同林黛玉家一样，首当其冲被打落尘埃；

第二个信息是妙玉投入贾府的真正原因是"不合时宜，权势不容"。根本不是王夫人当初交待给众人的表面上的原因，这是明写妙玉的身份是和黛玉之流是一样的，稍有的区别是黛玉更多了一层极近的血缘关系。

当时的政局搏弈，如同战场厮杀，当家人首先安排的都是家中嫡系的妇孺。《红楼梦》里没有明写这场冲突是如何进展的，但我们通过秦可卿的一场葬礼前后始末的分析，是可以看出其中的激烈程度的。

第二十二章 强夺名与命，情宿孽共冤

我一直觉得，雪芹在写《红楼梦》的时候，除了对冰清玉洁的女孩们深深的爱意纵容，私下更是抱着一种悲悯与愤怒之情的，因为在大家庭繁盛时，掌握权力的男人们耀武扬威颐指气使，一旦遇到危机，最先被推上祭台的，总是羔羊一样毫无反抗能力的女孩。所以他借贾宝玉孩童时的儿语，说出真言："女儿是水作的骨肉，男人是泥作的骨肉。我见了女儿，我便清爽；见了男子，便觉浊臭逼人。"

我以为，《红楼梦》正文开笔就写的秦可卿，是被送上祭台的第一个羔羊。

我当时看文，得出这个结论时，只觉得心惊胆寒。分析红楼一文到现在，经过二十几篇的铺陈，到这一章，才是我最想说的话，整个红楼的情节，由这个线索推测开来，就是完整的，我以为我是真的解开了《红楼梦》这道谜题。

因为现在开始详写秦可卿，我把第五回《游幻境指迷十二钗，饮仙醪曲演红楼梦》里，金陵十二钗正册判词和《红楼梦》十二支曲词，其中关于秦可卿的两首列出来，然后以此为依据，分析一下这个惊天阴谋的前因后果。

"情天情海幻情身，情既相逢必主淫。漫言不肖皆荣出，造衅开端实在宁。"

"画梁春尽落香尘。擅风情，秉月貌，便是败家的根本。箕裘颓堕皆从敬，家事消亡首罪宁。宿孽总因情。"

这两首词，前半部分都是从秦可卿的角度，写的是秦可卿之死明面上的原因。

两首词的后半部分，"漫言不肖皆荣出，造衅开端实在宁"，和"箕裘颓堕皆从敬，家事消亡首罪宁"两句，可以合起来分析。

通过我从前文里列出来的王熙凤等视人命为草芥之举，比如张金哥，比如尤二姐，比如金钏，比如高利贷等等，可以看出，荣国府里的人，身上是背着很多人命案子的，但全部的这些罪过，判词中却说"造衅开端实在宁"，开这个坏头的，是宁国府。

"箕裘颓堕皆从敬，家事消亡首罪宁"，箕裘是簸箕和皮袍的意思，一般代指祖先留下的事业和产业。宁国府先祖留下这若大的家业，其颓堕败坏衰落下去，就从贾敬开始。而宁荣二府最后忽喇喇大厦倾颓，宁国府是首罪。宁荣二府最后的罪名是谋反，但判词写在秦可卿的命运这里，是因为秦可卿之死，是宁国府的第一宗罪，或者说，宁国府的谋反，是从逼死秦可卿发端的。

在第十三回"秦可卿死封龙禁尉"中，贾珍给贾蓉买官时，给了大太监戴权一张纸条，上面写着：

"江南江宁府江宁县监生贾蓉，年二十岁。

曾祖，原任京营节度使世袭一等神威将军贾代化；

祖，乙卯科进士贾敬；

父，世袭三品爵威烈将军贾珍。"

这个纸条里，交待了宁国府里四代最重要的家主身份，其中贾敬是乙卯科进士。这说明贾敬是个文武双全的、极厉害的人物，从书中的情节，我大概可以判断，代表旧势力的四王八公中，智囊也就是核心人物，就是贾敬。

那么贾敬为什么不在家，反而出家修道呢？这是极高明的一步棋。

贾敬之父贾代化，是从龙出身，曾任京营节度使，也就是说，整个京城的防卫和兵权，都在他的手上，可以说是太上皇心腹中的心腹。贾敬又高中进士，允文允武，那么新皇想要除掉旧势力，贾敬这样的人如果在朝为官，就是明晃晃的靶子。

贾敬以修道为名，退隐在城外，反而更容易掌控大局。因为那时的人信奉鬼神之说，都很虔诚，世家大族经常去道观庙里举行各种祭祀活动，各家王公势力去城外道观见面商讨秘事更加方便。

以当时的政治形式，王公和大臣在皇帝眼皮低下，是不能大肆勾连往来的。这也就是当在江南的旧势力遭到新皇毁灭性的打击后，在京城的势力如果想名正言顺地聚拢在一起密谋，只能找一个各家都能来的借口——比如宁国府长房长媳之死。

江南旧势力失手被重挫，京城里的势力必需联合起来才能对抗，才能扳回一城。要谈也要有筹码才能谈，所以他们需要一场大事集合起来，来向新势力施压。

这件事出的日子一定要可控，要视江南争夺的发展而定，贾母和贾敬等的生辰都是固定的日子，都不合适。贾珍曾说秦可卿的病断不透是喜是病，因为江南快到了摊牌的时候，如果胜，她就是喜，丧事不用办了，她也不用死；如果败，她就是病，病了才能名正言顺地死，进而大张其鼓地办丧事。

为什么单单是秦可卿呢？一是因为她是长房长媳，地位相对重要，其他人的死根本不足以当成大事；另一个重要的原因是秦可卿是秦业从养生堂抱来的孤女。她的生死，可以说是掌握在贾府手中的，掌权的人让她几时死，她就得几时死。

第二十三章 作恶数铺陈，伤德阴文卷

现在捋一下秦可卿死前的这些事件，其发生的顺序，大家从中就可以看出一些线索：

书中第三回，林如海送黛玉一进荣国府，这是因为江南新旧势力的争夺已经非常激烈，旧势力的形势很不好，林如海已经判断事情不可控，所以含悲送独女入京避险。

第五回秦可卿出场，言辞温婉讨喜，行事周到细致，并没有身体不好的征兆。

第六回，贾蓉向凤姐借玻璃炕屏，说他父亲，也就是贾珍，明日会有一个重要的客人。这个客人身份肯定极高，而且极重要。

第七回，贾珍之妻尤氏请凤姐入宁国府作客，此时秦可卿身体依然很好，行为也未失常。

贾宝玉刚见了尤氏，就问了一句"大哥哥不在家"？这是问贾珍，尤氏说贾珍出城见老爷也就是贾敬去了，那么贾珍见他父亲是去做什么了？注意，这几回中贾敬从未正面出场，却主导了整个事件。

秦可卿的弟弟秦钟却在此时来了宁国府，大家有没有猜为什么？因为害人之心若起，这样唯一的亲人，必然要想办法不着痕迹的攥在手里，必要时好斩草除根，防止被别的势力掌控利用。而在小说情节上安排宝玉入贾府族学，带着秦钟附学，其实都是顺水推舟之举。

此一回里，跟着贾代化出生入死的忠仆焦大，嘴时却公然大喊出了"爬灰的爬灰"这样惊人的丑闻，偏偏一定要在宁荣二府大批主子和奴才的面前喊出来。既然焦大是忠仆，在贾代化死后，忠于的是现在家主贾敬和贾珍，又怎么会失心疯一样地公开揭发主子的私事，可见这是提前被安排的情节。大风起于青萍之末，秦可卿人还未死，已经开始为她的必死找理由造势了。

此时凤姐还不知道宁国府做事的真正原因，所以她曾建议尤氏把焦大打发到庄子上去，尤氏此时却没有接话，因为焦大这步棋，是提前安排好的，也只有这样跟着主人出生入死的忠心仆人，才能交代他做这等阴私之事。

这里又有雪芹公的笔墨周到之处，忠仆焦大，跟着开国功臣，尽忠时嘴里喝了马尿；跟着不肖儿孙贾珍，尽忠时嘴里塞了马粪。可见当牛做马之人，跟着什么人，就会做什么事。所以作者厌恶他，因为他是非不分，只算是愚忠。

第八回，宝玉想去看宝钗，借口去宁国府，出门后绕了一大圈路，路上遇了两拨人，一拨是贾政的两个清客相公，刚与贾政会完面出来，却告诉宝玉贾政在歇中觉呢，这是有重要事不让打扰之意。

紧接着宝玉遇见了另一拨人，这些人中有库房总管、仓管上的头目、买办的管事，还有几个别的管事等七个人。这批人集体开会，肯定有重要的财务出入。这一段时间内，荣国府内也动作频频，也可能预示着，他们正在处理的事务中，就有黛玉家庞大的家财。

第九回，秦钟在学堂里惹事，又引出了贾瑞。

第十回，因为学堂里的纠纷，作者安排了一个璜大奶奶，去宁国府见尤氏讨说法。这样一个下人口中跪着跟凤姐借当头的小人物，尤氏作为一府的主母，却拉着她，长篇大论的，把宁国府下一代冢妇秦可卿的病，说得详详细细，着重又强调病势之重，这从常理上是说不通的。为什么又要详细说呢？因为此时要借重这种底层三姑六婆的口，将秦可卿的病传得尽人皆知。

贾珍居然还过问了这件事，同时向尤氏提起冯紫英向他推荐了一个外地来的了不起的大夫，这个大夫平时又不是做大夫的，说他"能断人生死"，从来没听说过大夫能断生死，只听过阎王爷可以断生死。这个大夫，应该是通报江南的情势的。这个大夫说"今年一冬是不相干的。总是过了春分，就可望全愈"。

这一回里贾珍同样去见了贾敬，贾敬交代他把从前那套《阴骘文》刻出来。《阴骘文》全名《文昌帝君阴骘文》，是道家刻来乞福积阴德的书，好好的生日，怎么想到积阴德上去了？因为要去做伤阴德的事。

第十一回贾敬的生辰上，贾蓉传了贾敬的话，又一次强调了这个《阴骘文》，而且让"叫急急的刻出来，印一万张散人"。这是已经传信给儿孙贾珍贾蓉，拍板尽快行事。

所以凤姐问贾蓉他媳妇的病怎么样了，一直都对凤姐持讨好态度的贾蓉却显得非常不耐烦，再没有良心的人，被算计自己可能怀孕的媳妇，都是会恼火的。

第二十四章 缢死秦可卿，错疑风月鉴

这样紧锣密鼓地布局害人当口，作者却差开笔墨，在凤姐去看望病中的秦氏后，很突兀地加进一段贾瑞作死调戏凤姐的情节。

写贾瑞，是为了引出第十一回中的风月宝鉴，意在提醒读者，不要看正面，正面是风月，反面是森森白骨骷髅。意指秦可卿之死，表面是贾珍特意营造出来的淫奔天香楼，实际上却是处心积虑的阴谋索命。

贾瑞没有看风月鉴的反面送了命，秦可卿也没有看贾珍之情的反面，枉送了青春性命，这是"宿孽总因情"的真相。

以贾瑞之死提醒完读者，这一回的结尾马上就是林如海病危，贾琏带黛玉回金陵。事已发动，不可逆转，林如海性命已经不保。贾敬贾珍等为秦可卿之死做了许多铺垫，此时屠刀终于落下。

第十三回的题目是秦可卿死封龙禁尉，按脂批的说法，这一句应该是秦可卿淫奔天香楼，本来这一回有十来页，但作者删去了天香楼一节大概四五页，差不多一半的内容，原因是"隐去天香楼一节，是不忍下笔也"。

这一回是以秦可卿给凤姐托梦开始的，作者借秦可卿之口说出，贾家之败已经不可逆转，让凤姐早做退路打算。

那么为什么从秦可卿之死，就可以看出贾家败局已定呢？因为秦可卿的一场声势浩大的葬礼，的的确确是旧势力在江南最重要的财政大权旁落后,一次狗急跳墙之举。江南的打击是非常大的,如果旧势力不反击,人心慌慌之下,再无凝聚力,被打蒙了的各家,很容易被新皇一股作气各个击破拿下。

贾敬作为旧势力的领头人,不甘心就此认输,如同赌徒一样,只要还有筹码,就会幻想自己还有翻本的可能。

如果说秦可卿死之前,双方的较量还是在私下进行了,并没有伤了面子上的和气,那么秦可卿的葬礼一出,双方等于撕破了脸皮,再无和解的可能。

四王八公地集体亮相,也显示的京城里的势力还非常强大,这几乎是抬着棺材示威。

新皇的确暂时妥协了,我们明着能看见的情节有封贾元春贵妃,王子腾与贾雨村升职,还有施恩于后宫各妃嫔省亲,后宫中肯定有一大批旧势力家的女儿,这是借此事低头进行各个安抚。

脂批说贾母老健,也就是鸳鸯口中说的老人家老健春寒秋后热,都不是长久之相,其实是暗指太上皇。贾府为什么最终要造反,因为皇帝此时为了里子,失了面子。但皇帝的虎须是那么好捋的吗,皇上被打疼了脸,是要用人命来偿的,一旦太上皇老去,第一要清算的就是贾家。

所以秦可卿梦中言之凿凿的说:"否极泰来,荣辱自古周而复始,岂人力能可常保的"。贾府之败,此时已非人力可转。

凤姐梦醒,就传来秦可卿已死的消息,一场嚣张至极的葬礼拉开帷幕。贾珍一翻唱念作打,几乎就差明说,秦可卿是因为与他私情而死,这就更不合情理了,一般人有这种丑事,瞒着还来不及。

这样故意透出私情密意来，是早就预谋好的计划，桃色新闻更能吸引三姑六婆的眼球。做恶的人生怕别人想不到私通，而想到谋杀孤女的更大罪恶上去。

第十四回，贾琏的仆人昭儿回府，带回林如海去逝的消息。秦可卿出殡，葬礼达到高潮，旧势力尽出，甚至北静王本人亲自出面。

第十五回葬礼结束，凤姐弄权铁槛寺。

第十六回元春封贵妃。这一章前面插入的情节却是秦业和秦钟之死，而且死因都很奇怪。

我们先来看秦业之死。表面上是独子秦钟与尼姑智能偷情，智能找到秦钟府上，被老父查觉，气病而死。我们先不看病本身有没有问题，单看智能，一个尼姑什么时候这么大胆，没有人指使，就明晃晃的找到情郎家里去了？

智能是贾家私家庙里的尼姑，受谁指使已一目了然。而且从后文两次出现描写智能的情节来看，因为这个小尼姑秦氏父子俱死，小尼姑却在贾府如鱼得水，甚至和宁国府贾珍的亲妹妹惜春经常在一起玩笑。这个小尼姑，真是既智且能啊。

秦业死后，秦钟也一病不起。他死之前留给宝玉的话是："以后还该立志功名，以荣耀显达为是。"为什么临终之语却看似一句大俗话？因为秦钟此时大概明白了姐姐，父亲和自家的死因，不过是没有功名显达，才被豪门欺至死地。

至此，秦氏一门死得整整齐齐，满门已绝矣。如此明晃晃的情节，大家难道还看不清秦可卿之死的真相吗。

然后黛玉二进贾府，贾雨村入京。这一场龙争虎斗硝烟散去，新旧势力达成一种短暂的，新的和平。

作者才得以空出时间和笔墨，描写了大观园里痴情小儿女们，春梦随云飞花逐水，展开一大篇银签绛蜡瑞脑金兽，若轻烟五侯之富贵风流盛景，忒刹好看！

第二十五章 二波龙虎争，三贾强夺扇

然而，危机总是隐藏在平安繁华处，新旧势力早晚要分出胜负，小儿女们可以少年不识愁滋味，但时刻关注政局发展的政治家们，并没有就此失去警惕。

风起于青萍之末，争端在读者们不经意间，又开始露出狰狞的面孔。如果没有聆音察理，鉴貌辨色地精心寻找，根本就看不出作者安排在文中的蛛丝马迹。

强夺石呆子古扇之事，就似乎是在平儿为求药，从对宝钗的抱怨中轻描淡写地出现在读者眼中。有谁想到，就象葫芦僧乱判葫芦案一样，这是第二次争端的起因呢。

然而就象薛蟠的人命案子存在许多不合理的地方一样，石呆子扇子一事，同样存在很多不合理的地方，有时候，我们只要把问题问出来，答案也几乎就出来了。

第一个问题：平儿说："今年春天，老爷不知在那个地方看见了几把旧扇子。"老爷，也就是贾赦，在哪个人那里看到的这几把旧扇子的？

第二个问题：平儿说贾赦"回家看家里所有收着的这些好扇子都不中用了，立刻叫人各处搜求。"贾赦回到家里看到的扇子不中用，肯定跟他在那个人那里看的扇子不是一个风格的。也就是说，那些扇子并不是贾赦喜欢的类型，他要各处搜寻，是为了自己改了口味，还是要送给那个喜爱这类扇子的人？

第三个问题：平儿说石呆子"穷的连饭也没的吃，偏他家就有二十把旧扇子。"都穷得没有饭吃了，哪里来的

扇子？说明这也是个落魄的贵族。

第四个问题：平儿说石呆子"死也不肯拿出大门来。二爷好容易烦了多少情，见了这个人，说之再三，把二爷请到他家里坐着，拿出这扇子略瞧了一瞧。"既然死也不肯拿出大门来，为什么还要给二爷即贾琏看？

第五个问题：平儿说："据二爷说，原是不能再有的，全是湘妃、棕竹、麋鹿、玉竹的，皆是古人写画真迹。"贾赦并不象贾政那样科举出身，换句话，他是个没文化的人，他能欣赏字画吗？这又回到第二个问题，他要送给谁？

第五个问题，石呆子说"我饿死冻死，一千两银子一把我也不卖！"既然这样绝然，为什么又拿出来给人看？这又回到第四个问题，拿出来看，说明是想出手的，他又不要钱，那他要什么？

第六个问题：平儿说："谁知雨村那没天理的听见了，便设了个法子，讹他拖欠了官银，拿他到衙门里去，说所欠官银，变卖家产赔补，把这扇子抄了来，作了官价送了来。那石呆子如今不知是死是活。"贾雨村此时，是个政治上非常成熟的政客，他怎么会做这么明晃晃的恶？或者说，他有什么依仗，可以就这样明晃晃的作恶，而敢肯定自己不会受到惩罚？再或者说，这些扇子，到底要送给谁，才能让他如此嚣张？

第七个问题：平儿说："二爷只说了一句：'为这点子小事，弄得人坑家败业，也不算什么能为！'老爷听了就生了气。"贾琏是亲儿子，不是奴仆，这样一句大实话，为什么就招来贾赦的怒火，与其说是怒火，不如说是恐惧。因为扇子如果是送给一个了不得的人物，贾琏其实就是在骂这个人，这让贾赦如何不打，而且还要象平儿形容的那样，明晃晃的打在脸上，好让世人都知道。

通过以上几个说不通的地方，其实答案已经出来了，关键在于扇子要夺过来送给谁。

贾赦是与四王八公平等论交的人，能让他如此恐惧又巴结的，除了顶头上司太上皇，几乎不做他想。

如果扇子是送给太上皇的，所有以上的问题几乎可能迎刃而解。再反过来看石呆子的态度，他穷得没有饭吃，却死活不卖钱，他是在拿太上皇喜爱的东西，与旧势力谈条件，而且他的条件肯定在贾赦和贾雨村的层面上是无法满足的。那么这个条件肯定是出自皇宫之中。

如果顺着这个思路走下去，文中很多大家以为的前言不达后语的地方，都有了合理的解释。

这样看来，还有人因此，说贾雨村是个巴结贾赦欺压穷人的小人吗？贾雨村这招釜底抽薪是解决了令太上皇为难的难题，从古士大夫的角度，这是在尽忠；哪怕从新皇一方看来，他同样也有站得住脚的理由，我在孝敬你老爸，你难道会因此治我的罪吗？

既然石呆子很明显是在反抗太上皇，几乎可以肯定他就是新皇势力一派的人。那么这个人被欺压至此，最终结局是下落不明、不知是死是活，肯定会引起新皇的不满，第二次新旧势力之争，由此展开。

第二十六章 山雨欲来频，风云张驰满

我们再同样对比一下葫芦僧乱判葫芦案，与这个案子同时展现出的故事情节，是四大家族的嫡系血脉入京，比如黛玉，宝钗薛蟠，还有妙玉等。这说明当时的新旧势力第一次交锋，争端的焦点是在江南官场的高层之间。

第四十八回贾琏因为石呆子的扇子挨完打，第四十九回，江南的几家姻亲之家就突然举家入京了。

这说明因为石呆子夺扇一案起，新势力开始清除旧势力在江南底层的残余力量。所以我们不要关注贾府来了多少把子美丽的"水葱"，我们要关注一下，她们为什么这样成群结队的赶入京城？原因如同当初的黛玉和宝钗一样，她们都是来避难或寻求新门路的。

我们先列举一下都谁在此时上京的：

第一家是邢夫人的兄嫂带了女儿邢岫烟来投奔邢夫人；

第二家是王熙凤的兄长王仁一家；

第三家是李纨的寡嫂带着两个女儿李纹和李绮；

第四家是薛蟠的从弟薛蝌带着胞妹薛宝琴；

这四家都是贾府的关系最近的姻亲之家。从这里大概可以看出，四大家族，面临即将到来的危机，又隐隐出现的抱团取暖之势，大家别忘了除开这些旧姻亲，还有新朋贾雨村。

此时的贾雨村，在四大家族的阵营里，地位已经可以与王子腾相抗衡。作者在四十八回里，立刻安排了薛蟠被

柳湘莲打了一顿后，想出门做生意去躲羞之举。为什么在这个时间走，因为一旦争端再起，一个在案底上已经死的薛蟠，怎么好公然在京城招摇，不是现成的小辫子等着政敌来揪吗。

薛蟠走后，薛宝钗带着香菱住进了梦寐以求的大观园。香菱进大观园，讨好的是贾雨村。

而且香菱刚进园的第一时间，就拜访了黛玉，书中第四十八回说黛玉"见香菱也进园来住，自是欢喜"，又有了香菱师从黛玉学诗这段岁月静好的情节。黛玉见了香菱，喜从何来？从这里，也可以推断出黛玉与香菱之间的亲近，甚至更亲于贾府里有血缘关系的亲人。因为二人是真正的身份利益相仿，都是受贾雨村护佑的挚友之女。

新旧势力第一次冲突时，旧势力为了联合纵横，曾经策划了秦可卿之死，用一场葬礼进行了声势浩大的联络，那么第二次冲突，为什么没有再出事端呢？

其实是出了的，不过这次地点不在贾府，而且也不是选择的丧事，而是选择了温和的喜事，这已经说明旧势力已经开始示弱了。而且这次联合没有安排在贾府，是暗写的，安排在了王子腾府上。

在第五十二回，有一段话"只见麝月走来说："太太打发人来告诉二爷，明儿一早往舅舅那里去，就说太太身上不大好，不得亲自来。"宝玉忙站起来答应道："是。"因问宝钗宝琴可去。宝钗道："我们不去。昨儿单送了礼去了。"能让宝钗宝琴单独送礼的，肯定是王子腾府内嫡系的姑娘出嫁。

然后第二天一早，贾母就给了贾宝玉那件著名的叫"雀金呢"的乌云豹氅衣。大家都知道晴雯为了织补这件衣服累出了病，有没有想到她为什么一定要补呢？因为第二天是正日子一定要穿的。

从暗示王夫人已经去过几次，到宝钗宝琴送礼，可以看出这件事已经庆祝了许多天了。这样暗写一桩隆重的喜事，其实目的与当时秦可卿的丧礼是同样的目的。只不过对比丧事，喜事没有让人那么反感和有攻击力罢了。

与第一次冲突时更为巧合的是，作者同样安排了贾宝玉出门，路过了贾政的书房。

因为在第三十八回的时候，已经交待贾政点了外省的学差，出京做官去了，所以第五十二回贾宝玉再次路过父亲的书房时，书房的门是锁着的。

然后就出现了与第一次冲突时相似的情节，通过贾宝玉的眼睛，又看见了几个仆人，这次他见到的是贾府排名第一的大总管赖大，"接着又见一个小厮带着二三十个拿扫帚簸箕的人进来。"这么多人去打扫房间，暗示着这次来贾府避难的男性亲友之多。

第一次贾宝玉见的主要是库房和财务总管不同，第一次收留的是财物，第二次收留的已经是人了，这样的变动，不难看出旧势力面临的情况这一次非常不好。因为财物放到亲戚家避险，可以说是留后路之举，人都逃出来，说明旧势力在江南已经是穷途末路。

那么这一次旧势力的联合，会又一次让新皇退守让步吗？

第二十七章 抑扬旧势官，排演豪奴宴

"水落鱼梁浅，天寒梦泽深。"旧势力现在底牌出尽，新皇想必早就有了应对之策。而且这次的应对可以说来势汹汹，直接就抽走了旧势力最大的两张王牌。

第五十三回前面交待："当下已是腊月，离年日近，王夫人与凤姐治办年事。王子腾升了九省都检点，贾雨村补授了大司马，协理军机参赞朝政。"

王子腾和贾雨村，是旧势力中少见的实权人物。新皇不想先和这两个人对上，他先给他们升官了。而且对这两个人的策略也不全相同。王子腾升九省都检点，这是将他高升并调离了京城，但同时更有他示好之意，他给了王子腾一个光明正大置身事外的理由。但对贾雨村，他显然是为了收服他彻底倒向新势力，补授的大司马，参赞军务，这实际上是入了内阁了。

这一招太狠了，一下子就打乱了旧势力的阵脚。这一回里紧接着写了宁荣二府内奢华的祭祀场景，我们在这里看见了谁呢？就是一直做神仙在道观里修行，连自己生日都不回府，任凭贾珍把宁国府翻过来都不管的贾敬，他居然回来过年了。这是彻底坐不住了，必然亲自回来坐阵安排。

五十三回的题目是"宁国府除夕祭宗祠 荣国府元宵开夜宴"，由此可见，贾府的惯例大概是除夕宴设在长房宁国府，而元宵宴设在次房荣国府的。

可是元宵夜宴这么重要的场合，两府的最高领导人却都缺席了，书中说"贾敬素不茹酒，也不去请他，于后十

七日祖祀已完，他便仍出城去修养。便这几日在家内，亦是静室默处，一概无听无闻，不在话下。贾赦略领了贾母之赐，也便告辞而去。贾母知他在此彼此不便，也就随他去了。贾赦自到家中与众门客赏灯吃酒，自然是笙歌聒耳，锦绣盈眸，其取便快乐另与这边不同。"

在这里好久不说话的脂砚斋出来很突兀地批了一句："又交代一个。"这句批语是对着交待贾敬的去向说的，所以才有一个"又"字。元宵佳节意团圆，宁荣二府最重要的家主却不在场，都找了借口回避了，为什么呢，因为两府领导们连日开会，很多重要的事情要安排商议。

第五十四章只交待了团圆热闹的元宵家宴，一般的世家大族，外面越艰难，只要有能力，府里越要过得高调，一是为了给对手和队友制造一种万事皆在掌控中的假象，二是为了用这种热闹繁华做掩护，很多人事往来就不显眼了。

正月十五一过，书中紧接着又提到了一些很蹊跷的事情："此日便是薛姨妈家请吃年酒。十八日便是赖大家，十九日便是宁府赖升家，二十日便是林之孝家，二十一日便是单大良家，二十二日便是吴新登家。"

这几家中，只写了薛姨妈家是亲戚，用来打幌子，剩下的几家，都是宁荣二府的嫡系豪奴。

书中拿贾母说事，说她有去的，也有不去的，但实际上暗示贾府的男性当家人都去了，他们去自己的奴仆家做什么呢？这些人虽然奴仆出身，但在主人贾家的安排下，家里出了很多官员，已经都变成大族之家。贾敬和贾赦过一个年安排出来的事务，都要落实到这些人的身上去一件一件处理实施的。

第二十八章 谁为后宫主？生儿苦熬煎

在第五十五回，正月一过，旧势力又一次出手了，这一次目标是宫中，第五十五回开头就交待"且说元宵已过，只因当今以孝治天下，目下宫中有一位太妃欠安，故各嫔妃皆为之减膳谢妆，不独不能省亲，亦且将宴乐俱免。"

我不知道大家看到这里有何感想，我的第一个想法就是，这不对劲儿啊，病的人是太妃，不是太上皇，也不是皇太后，说明她只是太上皇的一个妃子，皇帝再孝顺，也不该孝顺父妾到这种地步。

然后我在第五十八回的时候找到的答案，五十八回还是在开头的时候，先交待这位老太妃："谁知上回所表的那位老太妃已薨，凡诰命等皆入朝随班按爵守制。敕谕天下：凡有爵之家，一年内不得筵宴音乐，庶民皆三月不得婚嫁。"

因为《红楼梦》的成稿时间是清朝年间，所以我就去查了《清史稿》，关于清朝皇后或太后的葬礼中，我只查到这么一段："**高宗母崇庆皇太后钮祜禄氏，四十二年正月崩，帝衰服百日，如世宗丧，馀仍素服。亲拟尊谥曰孝圣宪皇后。礼臣上丧仪，援雍正九年例，二十七日内遇郊庙大事，素服致祭，乐设不作。帝曰："郊庙典重，不应因大丧而稍略。"复下军机大臣议。旋议上："遇郊庙大祀，遣官致祭，仍作乐，朝服行礼，常祀素服致祭，乐设不作。"制可。颁遗诏，自到省会日始，停嫁娶，王**

公百官百日，军民一月。辍音乐，王公百官一年，军民百日。馀如故。"

中间一段写的是高宗，也就是乾隆皇帝与礼部大臣在商议皇太后丧礼的过程，可以略过。我们只看开头和结论的部分。开头说去逝的是乾隆皇帝的母亲皇太后钮祜禄氏，乾隆衰服百日，如世宗丧。世宗就是雍正皇帝。就是说乾隆为母服丧，是同父亲一样的礼，表示他的孝顺。

结论是从听到颁布的旨诏开始，王公百官，一百日内停嫁娶，军中士兵和平民百姓，一个月内停嫁娶；王公百官，一年之内不能宴饮作乐，军中士兵和平民百姓，一百日内不能宴饮作乐。

这和这位老太妃"凡有爵之家，一年内不得筵宴音乐，庶民皆三月不得婚嫁。"的丧礼规格是不是非常像？太妃的丧礼与乾隆皇帝给他的母亲皇太后，甚至是给生父雍正的丧礼规格是一样高的。那么我们其实可以大胆得出结论：这位老太妃，其实就是新皇的生母。

如果太妃是皇帝的生母，我们可以看出这中间最大的不和谐，人家儿子都做了皇帝了，可是亲生母亲只是个妃子。甚至在太妃死去后，也没有加恩为皇太后的情节。从书中可以看出来，贾母和王夫人等举家有爵者都去送葬，名义上还是为太妃送葬，如果加恩为皇太后，在葬礼过程中的称呼立刻就要改过来。从此处也可以看出太上皇对皇帝儿子的压制。

那么我们再回过头来想想强夺石呆子扇子一事，前文得出结论，石呆子的扇子不为钱，为的是提条件，而且这件事肯定不是在贾赦和贾雨村的层面可以解决的。我来猜一猜石呆子提的条件，会不会是让贾赦和贾雨村等请旨加恩皇太后呢？太上皇在世，皇帝不能主动提出为自己的母亲加封，只能由臣子，最好是太上皇阵营的臣子去请旨，最顺理成章。

贾赦和贾雨村等强夺了扇子，石呆子下落不明，也就是新皇和太妃的目的没有达到；

紧接着旧势力一系的人集体进京；

皇帝加封王子腾和贾雨村，分化旧势力；

贾敬回贾府过年，密谋出手反击；

联系宁荣二府四大豪奴出手；

立刻就传了太妃欠安，说是欠安，已经到了百官停止宴饮的地步，肯定是病危。

这样一步步环环相扣，斗争逐渐升温，到太妃死，事情就一发不可收拾。

皇帝之母，到死都没有加封皇太后，这一腔怒火，不能发到太上皇身上，肯定就烧向太上皇的第一打手贾家。所以你看接下来的情节，第六十三回的时候，贾母和王夫人等阖家去皇陵给太妃送灵还没有回来，贾敬就死了。

贾珍的妻子尤氏独艳理亲丧，第一时间就"命人先到玄真观将所有的道士都锁了起来，等大爷来家审问。"而且请了太医来看，得出的结论"系玄教中吞金服砂，烧胀而殁。"一个后宅女眷都能看得出，贾敬的死是不正常的死，但贾珍贾蓉父子回来后却不了了之，根本没有往下查问，说明他们都心知肚明贾敬的真正死因，肯定是新皇擒贼先擒王的出手复仇之举。由此也可以反推出，太妃之死，贾敬就是幕后的策划者。

贾府为什么会造反？逼死了皇帝的生母，还有第二条路可走吗？只能推翻了在位的皇帝，另立新君，携着从龙之功，才能保下阖族之命，可以说这时，贾府与新皇的斗争已经到了不死不休之地。

为什么说"箕裘颓堕皆从敬，家事消亡首罪宁"？这就是原因。脂砚斋批说这句曲词"深意他人不解"，我认为我解开了。

第二十九章 求存不顺意，谋反见倪端

贾府走向造反之路，最先看出来并提前提防的，是王子腾。文中第五十五回刚传出太妃欠安的消息，紧接着就安排出王熙凤小产，生病不能理事的情节。一般来说，大家子里的主人明说出来的病，大概率都不是病。如果凤姐真是因为小产不能理事，估计官方的说法就是她感冒了。同理说她小产不能理事，那背后的原因肯定不是这个，而是有更深层的意义。

王熙凤这样一个爱揽权理事的人，为什么心甘情愿的病了呢，因为这是娘家人提醒的。

我们先分析一下接手王熙凤理家的三个人，李纨、探春和宝钗，李纨虽然是王夫人的亲儿媳，但她是个寡妇，这样的人在出事时，是最可以置身事外的；宝钗虽然是王夫人的亲外甥女，但她只是个亲戚家的女孩，而且本人更是万事不开口；实际掌家的，却是贾探春。

为什么安排了一个庶女来主持家事？因为一旦贾家造反，最先动用的就是财物，贾府若大的家财，如果不是拿出去养兵造反，是不会败得那样快的。而关于财务的进出，必然要经过当家人的手才能运出去，如果在往平安州运送财物的时候，经手人是王熙凤和王夫人，那么将来事败时，王子腾怎么把王家人从里面摘出来？这才是王熙凤要病的真正原因。

由此可见，新皇的分化之路的确起到了非常明显的作用，最起码到了这等生死存亡的关头，王子腾保持了观望和中立的态度。

第五十五回里太妃病了，第五十六回江南的甄府，也就是甄宝玉家，就有人上京了。关于江南甄家的介绍，是在第十六章，通过贾琏乳母之口说出来的，说的是当年太祖皇帝仿舜巡去江南，贾家只接驾过一次，独这个江南甄家是接驾四次的，可以说，甄家是太上皇一派中，最嫡系的势力。

通过贾母与甄家来请安的仆妇的交流可以知道，这次上京的，只有他们的当家夫人和家里的三姑娘，这位三姑娘是没有定过亲的，而且在进京的当天，甄府的夫人就带着这位姑娘进宫去朝贺。那么我们来猜一猜这位三姑娘是来做什么的呢？估计是太上皇气病了人家的妈，就从自己门下大臣家里，选了一位才貌双全的淑女来安抚皇帝来了。

那么新皇有没有接受这次示好呢，答案是没有。在第五十七回开头的第一段，写了王夫人带着宝玉去拜访，然后又请甄夫人带着三姑娘来看了大戏，结果"后二日，他母女便不作辞，回任去了。"连告辞的礼节都没有，估计是因为被新皇狠狠地扫了面子，姑娘家不敢见人，干脆直接走人了。

甄家三姑娘走了，预示着情形更加不妙。贾府的掌权人也要为住在自己府中的各路亲戚们，商量出个最佳的了出路。

为什么慧紫鹃会在此时"情辞试忙玉"？因为黛玉是否要回苏州本家避险肯定正在商量之中，还没有最终做决定。但就象紫鹃自己跟宝玉说的那样，紫鹃的本家全家在贾府的，如果黛玉回去苏州，不是因为紫鹃跟黛玉的情份好才要跟去，是贾母为了照顾好外孙女，必然会让紫鹃这个贴身的大丫鬟跟着去。

以黛玉之聪敏，会从大局来衡量自己是否回苏州的利弊，小儿女情怀还在其外。但紫鹃做为奴仆，却没有那样的大局观，此时更急的是紫鹃才对，所以她才不顾一切地去鼓动实心眼的宝玉出头。这件事在"贾母等亲来看视了，又嘱咐了许多话"过后，就在贾宝玉坚决反对下，定下黛玉继续留在贾府。

黛玉不走，别的姑娘却没有这样名正言顺的亲近关系继续留下来，于是邢岫烟被薛姨妈求亲定给了薛蝌；李绮和李纹跟着李纨，节妇是最好的保护伞；薛宝琴自幼就定亲了梅翰林家的公子。所以当初来避难的四把子"水葱"算是都有了去处。

等到第五十八回太妃薨逝，第六十三回宁荣二府阖府去送灵未归时，贾敬就被金丹夺命。贾珍听到这个消息后，第一时间就把贾敬绸缪已久的造反一事提上日程，为什么家事消亡首罪宁，因为谋反是宁国府开始谋划的。而且他们的第一步，仍然是算计自家人，那就是接尤氏姐妹进府，算计的自家人是贾琏。

第三十章 兄弟斗阋墙，二尤为谋算

为什么要算计贾琏？这要从《红楼梦》第十五回，王凤姐弄权铁槛寺说起。那个怂恿凤姐插手张金哥婚事作恶的叫净虚的老尼姑，曾提到"我想如今长安节度云老爷与府上最契，可以求太太与老爷说声，打发一封书去，求云老爷和那守备说声，不怕那守备不依。"事情的关键在这个节度使云老爷身上。

节度使其实是唐朝时期设立的地方最高军政官员，后来又发展到军财一起调度，权力是非常大的。历史上最出名的两位节度使，就是大家都熟悉的，造反未成的安禄山和造反成功的赵匡胤。

雪芹公在书中第一回借空空道人送石头投胎时说，这段故事的"朝代年纪，地舆邦国，反失却无考。"为了混淆年代，书中人物的穿着打扮和说话方式，完全看不出清朝时的痕迹，其中的一些大司马等官职更是延用了汉代以前的通用名称。

所以第十五回这里用了官名为节度使的目的，一是为了混淆年代，另一个作用，就是提醒作者，贾府最终必然会造反，而且造反就是从平安州的云光节度使开始的。

净虚怂恿凤姐，让她去求太太和老爷说一声，说明在外人的印象中，贾政的话在云节度使那里是管用的。

实际上真正办这件缺德事的时候，王凤姐根本没敢跟王夫人和贾政说，而是告诉了仆人来旺儿，"来旺儿心中俱已明白，急忙进城找着主文的相公，假托贾琏所嘱，修书一封，连夜往长安县来，不过百里路程，两日工夫俱已妥协。那节度使名唤云光，久受贾府之情，这点小事，岂有不允之理，给了回书，旺儿回来。"

交代这一段也说明了好几件事：第一，贾琏说话在云节度史那里也是管用的，贾琏不过是个大家的公子，自己都没有从过政，哪里来的威信？荣国府的贾赦和贾政，更确切地说是祖上荣国公贾代善，才是云节度使真正的主人。

第二，这样伤天害理之事，正经的主人都不用出面，只要一封不是亲笔写的信稍稍示意就可以，这说明云光对荣国府的亲近，已经到了唯命是从的地步。

第三，此举也从事实上证明了节度使在地方上权力之大。

贾珍想要造反，宁国府手上是没有这样的兵权的，他要通过荣国府，通过贾琏，才能与云光搭上关系。

这才是贾珍贾蓉安排人物美艳的尤氏姐妹借机入府的原因。所以奉劝诸位翩翩佳公子，酒色二字在平日里的确占尽风流，让人生添彩，可当有人想算计你时，这二者就能立刻变成插向你腹心的利刃尖刀。

贾珍和贾蓉费尽心机的安排了贾琏偷娶了尤二姐，对贾琏的害处其实在书中早就说得很清楚了："贾琏只顾贪图二姐美色，听了贾蓉一篇话，遂为计出万全，将现今身上有服，并停妻再娶，严父妒妻种种不妥之处，皆置之度外了。"

贾琏在偷娶之时，身上有一层国孝，就是前文提到的太妃薨逝，皇帝下旨令百官一年内停止嫁娶；

还有一重家孝，就是伯父贾敬刚死，贾珍与贾蓉却赶在贾敬刚死几天内，就急不可待地哄着色欲熏心的贾琏做成了此事，多了第二重罪，也是第二个把柄；

严父妒妻，更是套在贾琏身上的笼头，提起哪个，都能让贾琏魂飞魄散。自此以后，贾琏就攥在了贾珍父子手中，让他往西他不敢往东了。然后贾珍就马上让这个木偶人往西去了平安州。

书中第一次提到贾琏去平安州，就是在刚娶了尤二姐不久后，第六十六回的时候，贾珍的仆人隆儿来说："老爷有事，是件机密大事，要遣二爷往平安州去。不过三五日就起身，来回也得半月工夫。今日不能来了。请老奶奶早和二姨定了那事，明日爷来，好作定夺。"

此时贾二这个傻驴被套上了笼头，就开始了漫长又危险的拉磨生涯，被贾珍与贾蓉拉上了造反这一条有去无回的不归路，去千里奔波，为贾珍父子去做"机密大事"去了。

第三十一章 淤泥苦求存，红莲生烈焰

我自幼受到的家庭教育里，女孩都是要内敛的，自重的，自爱的。我小的时候，我八十多岁的曾祖母还在世，我们叫她太太。太太是清朝末年生人，大概在1901年间。她受的是传统的旧式家庭教育。我记得最清楚的，就是她总嫌弃我的一双大脚，说一点也不裹，使得女孩子家到处乱跑乱跳，难看！还嫌弃我笑的时候露出许多牙齿，真丑！我猜现代商场里的营业人员，提倡的微笑要露出八颗牙，肯定要把太太气坏。

虽然我当时很不以为然，自认为读了许多书，一个将我的兄长考上大学叫"中举"，大学毕业分配工作叫"外放"的旧式家庭妇女的话，必需不能听。

可是当我离开束缚自己的家庭外出求学，从此开始自由安排并主宰自己言行的时候，我却总会不由自主的想起太太对女孩的要求，我要是在公众场所哈哈大笑，晚上回到家里，心里总是觉得有些微的不自在。

这种狭隘让我第一次看到《红楼梦》中，对尤二姐和尤三姐的大段言行描写，就非常的不喜欢。

我看得出作者在写尤氏姐妹的时候，是带着一种深深的痛惜之情的，他借贾宝玉的行动语言，借黛玉的叹惜，试图让读者能同情她们。可是我并不能理解。

那时年轻肤浅的我，根本看不见雪芹公设计的这两个绝色的女孩，群狼环伺下，人生之艰难。

有一段时间我开始琢磨红楼里的诗词，在第六十四回

的时候，作者借林黛玉之手写了观点非常别致的"五美吟"，分别是西施，虞姬，明妃，绿珠和红拂，我原来经常猜测作者在影射谁，突然有一天我明白过来，这五首诗写在尤氏姐妹进府之前，作者就是在写她们两个的。

我们先抛开黛玉对她们别具一格的人物刻画，独独看这五美本身与尤氏姐妹的相似之处：

西施是美人计，影射了尤二姐被送给贾琏，上文分析过，因为平安州是荣国府的嫡系，贾珍要造反，只能通过贾琏之手，尤二姐，正是贾珍贾蓉为贾琏独家定制的美人计，别无分号；

虞姬以宝剑自刎，又巧合后文尤三姐在柳湘莲退婚后，以鸳鸯双剑里的雌剑自刎殉情；

明妃被汉元帝送出和亲，然后又后追悔，所以杀了毛延寿来出气，正像是贾珍在贾琏成亲后，还要追到尤氏姐妹的私宅里来鬼混；

绿珠连累了石崇家破人亡，而随着情节的发展，尤氏姐妹先后同归于地府，这些说不清的罪孽，以逃脱性命的尤二姐前未婚夫张华为引子，后来拖累了贾琏与贾府；

红拂夜奔，美女识得真英雄，是千古风流的佳话。同样尤三姐于一干须眉浊物里，慧眼识宝看中了柳湘莲，为他不惜此身。

雪芹公为什么用这五个历史上让人惊艳的女子来形容尤氏姐妹？我终于有一天想明白，因为她们都有共同的弱点：都是身不由己！

一句身不由己，真是痛煞人也！

尤氏姐妹太美了，这是她们悲剧命运之根源。贾母说凤姐与平儿是一对美人胚子，贾琏用凤姐来对比尤二姐，对贾蓉说："人人都说你婶子好，据我看那里及你二姨一零儿呢。"而尤三姐之美，更在其姐之上。

尤老娘为什么即聋且哑，事事不管？因为尤氏姐妹之美不是蓬门陋室之家能护得住的，她们只能凭自己的本事，去从污泥里争一条活路出来。

尤三姐如果不是举止放荡没有底线，贾珍怎么肯放她嫁人？表面上的淫奔无耻，是她把眼泪死死的埋在心底，破釜沉舟式的绝望挣扎。

作者在描写尤三姐委身贾珍贾等蓉好色无耻之徒的时候，从字里行间透出了她的悲怆与呐喊。那是灵魂脱离出躯体后，愤怒又含泪的注视。

一旦她争得活路，知道自己受到柳湘莲的保护，那一对雌雄双剑，给了她莫大的勇气。她立刻就做回了自己心底希望的女孩，一心一意的准备从此脱身污淖，迎接梦中的净土。

柳湘莲的拒婚为什么给了她那么大的打击？因为那预示着，她一腔孤勇的绝望挣扎失败了。刚刚褪去的烂污沉渣，再次翻涌出来，面目狰狞，要拖她再入无边的地底深渊。然而这一次，她再没有一丝可以等待上五年的希望之光。

她其实并没有看错人，当她雌剑藏锋，凄厉赴死，柳湘莲立刻明白了她心底剔透的纯净和脏污地狱里挣扎的绝望。即勇且烈，当然是满天下也找不出的贤妻！

只要肯给她机会，她会活成最美的样子，她会用漫长的岁月，一点点洗去沾在肌肤表面的淤泥；只要让她洗去淤泥，人们就会看到她出淤泥而不染的样子："濯清涟而不妖，中通外直，不蔓不枝，香远益清，亭亭净植。"

谁不想干干净净晶莹剔透的活在天堂呢？

如果出生就在地狱，除非灵魂在地狱里麻木沉沦，可以让身体有片刻的沉醉。一旦生出对天堂的向往，就生出了痛苦之源。

这些痛苦会在漫长无望的生活里，一丝一蔓地缠绕过来，让人无处可逃，无法呼吸，会让人从骨髓里生出痛楚，时时刻刻地鞭打你，唤醒你，然后让你的生命一点点的凝聚出光芒，照亮出一条布满荆棘的希望之路。

通过这条路，会付出什么样的代价才能挣扎靠近天堂？

哪怕来到天堂门口，那些曾付出去的代价，还能不能让人找回灵魂最初的样子？

如果你没能骗来华美的衣袍遮掩满身的伤痕，那心中的圣殿因此对你轰然紧闭上大门，你还能否有再来一次的勇气和机会？

尤三姐的绝望在于，她身负的淤泥只能用鲜血才能洗去，她心里的烈火灼烧尽了她的皮囊，才让心中的爱情圣殿柳湘莲看清了自己灵魂的模样。

柳湘莲为什么出家呢？因为他终于看清了。他是冷情冷意冷二郎，须知"红尘热闹白云冷，紫竹清静黄菊香"，眼前无明业障，让他错过了红尘中最可留恋的一丝热闹，自然要往冷处去罢。

跛足道人说："连我也不知道此系何方，我系何人，不过暂来歇足而已。"我们所在的尘世，哪怕有万千烦忧，也不过是个暂来歇足的地方而已，又有何可留恋的呢？

不如归去！

第三十二章 平安州漫漫，行路不平安

书中曾经交待，尤氏姐妹在娘家时，就与姐夫贾珍有了首尾，那么她们为什么不在一开始就挣扎呢？

万般无奈皆有因，这正是尤氏姐妹的聪明清醒之处，因为没有外力的支持，天时地利人和无一可用，那时的挣扎是无用的。

尤氏姐妹的机会出现在贾琏身上。贾琏的缺点是好色，但他在本质上，与贾珍的阴毒狡诈无耻下流是稍有区别的，他还有一丝温情，荣国府的教育虽然失败，但因为将诗书礼仪和忠厚传家挂在嘴上，对后代的人生观还是产生了潜移默化的影响。

贾琏一开始的确是冲着尤二姐的美貌去的，相处下来，尤二姐的柔顺温情却激起贾琏的保护欲。贾琏在悍妻凤姐身上稍有缺憾，这让他对与凤姐性格截然不同的尤二姐生出了真心实意。他甚至连自己多年积攒的体己私产都交与尤二姐收着，这份情意让尤氏姐妹生出了希望。

于是尤三姐闹，贾琏因此替尤三姐出头请贾珍放手，然后又奔走为他订亲柳湘莲。贾珍此时有求于贾琏，不敢太过于违拗贾琏之意，无奈之下只好同意，所以说尤氏姐妹选的时机非常好。

贾琏是于去平安州路上遇见柳湘莲的，书中有一段薛蟠口中说的话，说出了平安州不平安的事实："天下竟有这样奇事。我同伙计贩了货物，自春天起身，往回里走，一路平安。谁知前日到了平安州界，遇一伙强盗，已将东

西劫去。"真的是被强盗劫去的吗？平安州是贾府在军方的主要势力所在，什么样的强盗敢在这里劫薛蟠的货物，平安州的云节度使又怎么会让人在太岁头上动土。

所有人都知道，贾史王薛四大家族，薛家就是这股势力的钱袋子，这让人不得不推断，如果平安州真要造反，薛蟠的大批货物钱财凑巧这个时间出现在此地，很明显是在私下运送造反军资的。这些财物当然不能直接送进军营，以兵将冒充强盗，平安接收才是真相。

贾琏到了平安州后，"见了节度，完了公事。因又嘱他十月前后务要还来一次，贾琏领命"。等回京以后，在尤二姐处盘桓三天后进贾府，先回的是父命，也就是贾赦，这说明，贾琏去平安州一事，是贾珍提起，贾琏又请示过贾赦才成行的。

在写贾琏回复父母的时候，又简单的提了一句："那时凤姐已大愈，出来理事行走了。"

太妃薨逝后，凤姐应娘家之命托病不再管家，那么现在为什么又病愈出来了呢？因为贾赦和贾琏父子搅和了进去。这就是凤姐虽辣，却又痴得可敬之处，也是古代女人以夫为天的可悲之处。她们出嫁后所有的身家荣耀，都在丈夫身上，一有大事临头，在做抉择的时候，多半选的是夫家。

王熙凤作出抉择的时候，正是贾琏偷娶尤二姐的时候，这就是凤丫头的可怜之处。也是贾琏尤二姐等人的可恨之处。

可想而知，刚刚做出这样痛苦的抉择，就传来贾琏偷娶的消息，凤姐心中的悲愤失望之情。

凤姐此时，才展现出大家闺秀所受到的根深蒂固的教养,所谓大家教养,并不在诗词文采一事上,最重要的是见识眼界和做事的手腕,从这一点上来看,尤二姐才是连凤姐的一个零头都比不上的。

她并没有抓住贾琏的明晃晃的错处,乱发脾气,和上次她生日时面对贾琏的背叛截然相反,这次事情的严重性让她选择谨慎行事,她的矛头不能再对准被设计背罪的丈夫,而是将一腔怒火都烧向了始作俑者宁国府,她看出了这是个计策,这是她比贾琏高明的地方。

王熙凤是真正的贤妻。作者借贾宝玉之口说贾琏之俗,他就俗在看不透凤姐之贤。古代对丈夫对妻子的"七出"之罪中,有一条是"弱妻",太过懦弱,无法护佑家族,是可以休弃出妻的。而王熙凤在这一点上做得非常出色。可惜除了作者和贾宝玉,又有几个读者看出来了呢!

酸凤姐大闹宁国府是有意为之。她这么明正堂皇地一闹,就把贾琏国孝家孝期间娶妻的重罪,主要责任都推到了贾珍尤氏和贾蓉的头上。

然后她又回头补救,将接进来的尤二姐引到贾母面前,借贾母的口中说出"一年后再圆房"这样的理由来搪塞。把贾琏所有的罪都择了出去。

这里面唯一的漏洞就是张华,凤姐也意识到了,所以他让旺儿去杀了张华以绝后患。她为什么这样谨慎?因为当她意识到家族要行不轨之事,与政敌之间的斗争就会你死我活,一点点的把柄,就可能让作为贾府二代当家人的贾琏送命。多少人都将她所做的一切,看成是她因嫉妒而对付尤二姐。她的确对付了,在后半段的时候,那体现了她的真正性格。但前面做的那样复杂的一系列事情,她所有的营营苟苟,都是一个痴情的妻子在救丈夫贾琏的命。

家奴旺儿放过了张华，是因为他的层次不够，看不到此事的严重性，或者也是有人背后另有主意。不论如何，这为以后贾琏的问罪，留下了很大的后患。

在第六十八回的时候，贾琏第二次去平安州，在那里共呆了两个月的时间，说明一切的造反准备都已经铺开。

这次贾琏回来后，前面的铺垫做好，再要出面的就是贾府的族长、身兼三品威烈将军武职的贾珍。所以贾琏刚回，贾珍就出发了，"那日已是腊月十二日，贾珍起身，先拜了宗祠，然后过来辞拜贾母等人。和族中人直送到洒泪亭方回，独贾琏贾蓉二人送出三日三夜方回。"

为什么要送到洒泪亭方回，洒泪亭预示族中人再三不舍，如果是简单的出门办事，为什么会洒泪而别呢，这是作者在暗示贾珍此行的危险性，他是去从军的。

大家有没有注意到一个小细节，尤二姐生病请医生的时候，来的并不是一直在贾府供奉的王太医，而是个叫胡君荣的陌生太医。

书交待王太医"谁知王太医亦谋干了军前效力"，其实他是跟着贾珍走了，为什么贾珍要带太医去平安州，因为叛乱一起，打仗受伤是常态，当然要配有自己信得过的医生随军，当然，以贾珍的职位，是没有资格配有皇家太医院的医生的，王太医去侍奉的，另有其人，贾珍只是沾光而以。

第三十三章 花落柳絮飞，势败春云远

贾府的势败，是由林黛玉做的一首诗《桃花行》开始的，说是桃花行，其实是桃花落。接着史湘云填了首柳絮词，调寄"如梦令"。

第七十回，桃花落，柳絮飞，风筝断线，正是"三春去后诸芳尽，各自须寻各自门"的预兆。很多人在解释"三春"的时候，理解为尚在闺中的迎春探春和惜春，我个人以为三春就是特指排行第三的贾探春。因为如果"三"指的是数量，其实贾府是元、迎、探、惜四春才合适，单提出三个春，是哪三个春就会有争议了。

第三春去后，其实就是指探春远嫁之后，贾府最后一张牌出尽。大观园里的诸芳就开始离散了。

不去管那些花花草草莺莺燕燕，我们还是挑骨头来看。这一回里，最重要的一件事，就是贾政回京。

先是收到贾政的家信，"说六月中准进京等语，"然而在宝玉慌忙忙地准备功课的时候，又有一次转折："可巧近海一带海啸，又遭蹋了几处生民。地方官题本奏闻，奉旨就着贾政顺路查看赈济回来。如此算去，至冬底方回。"

再一次提到贾政就是在他回京后，第七十一回开篇就提"话说贾政回京之后,诸事完毕,赐假一月在家歇息。因年景渐老,事重身衰,又近因在外几年,骨肉离异,今得晏然复聚于庭室,自觉喜幸不尽。一应大小事务一概益发付于度外,只是看书,闷了便与清客们下棋吃酒,或日间在里面母子

夫妻共叙天伦庭闱之乐。"

古代的官场，忙是好事，说明被委以重任。贾政这样有闲暇，正说明他的仕途上受到冷落。冷落的原因估计就在那次"顺路查赈济"上面，出现了不妥。

为什么让他去查赈济呢？

从第三十七回的时候贾政由工部转学差，其实这个转行本身有问题的，贾政是工部侍郎，又不是科举出身，而是恩荫作的官，学差是去主持地方的高考，非大才不能让天下读书人服气，可见这个官是非常难当的，说不定就是个陷井。

但贾政呆了那么久都没有出问题，说明他真是个喜读书的人，这个官做得还不错。按照常理回京是要升官的，皇帝不想升他的官，就在半路上再找点他不擅长事来做，出了错，就可以借机停他的职了。

官做得不错，那又为什么不让贾政继续做他的学差呢？反而要调回京城，想办法让他闲赋在家呢？

因为连贾珍战败回来了！

按七十一回中南安王太妃选妃的情节，我们大概可以推断一下旧势力造反的思路：

兴兵造反，没有理由是不行的，他们首先要打的应该是边境之争，只有边境有问题，才可以有名正言顺兴兵的理由，不然无故调兵，大军刚动，皇帝就可以宣布你谋反。

所以你看在第六十八回贾琏第二次去平安州的时候，他在平安州等了一个月，因为平安州节度使巡边去了。书中说他巡边，不是说他奉旨巡边，说明不是皇帝让他去的，是他自己去的，我们假设他是安排挑起边境之争去的。

他们本来的打算是战胜之后，携战胜之威，回师时找个理由威胁另立新君。

然后贾琏回来后，贾珍就从军了。王太医是跟着贾珍走的，但贾珍只是个将军，他是没有用太医的资格的，能用太医的，怎么也得是个皇室之人，比如南安王。

贾珍走的时候众人送到洒泪亭，贾珍回来的时候却悄无声息，我们是在七十一回贾母的生辰宴上，才看见他低调的身影，往日里以族长名义事事走在前面的贾珍，只提了一句"初一日是贾赦的家宴，初二日是贾政，初三日是贾珍贾琏。"

既然战败，贾母为什么要举行这么浩大的一次生辰宴呢？因为战败有个条件要和亲，那和亲的人选，就只能从旧势力的贵族中出，南安王太妃，借贾母生辰机会来选人和亲。

第七十二回出现了很多重要的情节：

中山狼孙绍祖派官媒来向迎春提亲，这不是提亲，这是贾赦借了孙家的钱，孙家来收债来的，或者说，这是孙绍祖之流，已经嗅到了贾府大厦将倾，此来是划清边界的。贾赦等人看不透此举，或者明明看透，却仍拿了贾迎春的婚姻去还债，以期维持与军中势力表面的和谐。所以贾迎春嫁给孙绍祖是必死之路，孙绍祖这样的小人，不惜用一位侯门贵女的性命，来彻底切断与贾府昔日的联系。贾迎春，是被送上祭台的又一只羔羊。

宫中太监频频上门要钱，暗示贾元春在宫中已经非常艰难，也暗示了宫中也收到贾府要败的消息，以往与贾府相交相亲厚的太监们，也开始想办法与之相恶，以期事败之日能顺利脱身。

至此，军中和宫中，都收到了贾府失势的消息。

贾琏与王熙凤开始联合鸳鸯偷卖或者说明卖贾母的私产，说明贾府的日常运营都出现了问题，贾琏与林之孝因此下了裁减人员的决定，这才有了第七十三回借绣春囊事件，在第七十四回里王夫人命人大肆抄检大观园的严苛。

七十二回里最重要的一个情节，是贾雨村被降职。

贾雨村是在第五十三回的时候，被补授的大司马，贾琏在此时说他"真不真，他那官儿也未必保得长。将来有事，只怕未必不连累咱们，宁可疏远着他好。"什么事会让一个大司马连累贾家这样的公府之家，估计就是孤注一掷的造反了。而且仆人林之孝也说："何尝不是，只是一时难以疏远。如今东府大爷和他更好，老爷又喜欢他，时常来往，那个不知。"

东府的大爷就是贾珍，而贾珍与他的父亲贾敬一样，都是一路阴狠孤勇之人，做事都是极其不择手段。贾琏此时已经慢慢明白过来，要和他们疏远了："横竖不和他谋事，也不相干。"

从新皇的角度讲，为什么要将贾雨村降职，因为边境一战吃了败仗，总要有兵部的人来承担责任，而贾雨村与贾府有千丝万缕的联系，由此可见，不是贾雨村连累了贾府，而是贾府连累了雨村。

贾雨村再次蛰伏。他此前的官途，可以说是成也贾府，败也贾府，他不能直接背弃与贾府的默契，他需要另一次名正言顺的机会，才能东山再起。

第七十五回，尤氏说："昨日听见你爷说，看邸报甄家犯了罪，现今抄没家私，调取进京治罪。怎么又有人来？"江南甄府被清算，新皇终于开始大举反扑。

宝钗一家此时也借机搬出了大观园，有甄家的例子在，此时的贾府，已经无力再庇护亲戚，大家出去各寻门路去了。所以很多读者在读《红楼梦》时，经常猜测薛家明明自己在京城有府邸，却偏要厚脸皮住在贾家，是为了宝钗的婚事。若为婚事，离开贾府才上策，住在贾府，这是所有人都须要在贾府避祸的无奈之举。

这时的贾府情形已经非常不妙，尤氏作为宁国府的主母，在贾母处吃饭的时候，摆上来的已经是普通的白粳米饭，而不是御田粳米。既然是御田粳米，必然是御赐之物，这说明新皇已经在这些细微之处，不再给贾府方便了。想象一下当初刘姥姥二进荣国府，告辞的时候还可以带走两口袋御田粳米的大方慷慨，是不是有物是人非之感？

第七十七回的时候，连凤姐用药需要人参，王夫人处都寻不出来了，这是内忧。再对比一下当年的凤姐，在设计害死贾瑞时，对贾代化求人参救命之举的冷漠，这里又是一番因果。

第七十九回贾赦为势为财，将贾迎春轻许了中山狼孙绍祖，这其实也都是失势之兆。

写文到此处，红楼前八十回的主要线索就都已经择出来了。我已经将《红楼梦》的繁华盛美之处尽量剔除了出去，只留下深藏在浩瀚行文里的玉骨，弹起来铮铮有音。

第三十四章 德财皆近尽，危局头上悬

贾府之败，是伴随着贾府的财务危机而来的。那么贾府的财政危机倒底是如何开始的呢？《红楼梦》借黛玉之口简单的解释了一句，林妹妹对宝玉说"我虽不管事，心里每常闲了，替你们一算计，出的多进的少，如今若不省俭，必致后手不接。"

看似简单的一笔财务账，作为连当铺票子都没看过的千金大小姐，能想到这一点，是非常不容易的。要知道大观园里的风气被贾宝玉带坏了，他认为"经济学问"是天下最俗的事，奈何这件天下最俗的事，偏偏左右着所有人的命运。

我曾经非常喜欢《大学》中的一句话："生财有大道，生之者众，食之者寡，为之者疾，用之者舒，则财恒足矣"。

这句话通俗点解释就是：要想发财就有一个最根本的准则，赚钱的人要多，用钱的人要少，赚钱时要快，用钱的时候要缓着点来，这样你的钱就会越来越多，也就永远够用。

此观点可以适用所有的单位，小到一人一家，中到一个企业，大到一个国家，想要富裕，都得走这条路。

说的是生财的大道，但充其量只是术，如果《大学》只讲这个，那它就不是一本治国的书，而是一本理财的书了。所以《大学》讲了一个重要的前提，"德者本也，财者末也，外本内末，争民施夺"。

为什么说德为本，因为"有德此有人，有人此有土，有土此有财，有财此有用"。这其实是一个闭环。

有德此有人。有了德行，人们才愿意追随你，也就是《论语·里仁》篇里说的"德不孤，必有邻"。

有人此有土。有人追随，你才有领域，有平台。就如同我写的书评，关注我的人多了，我慢慢的就有了平台，哪怕是全职妈妈，也能找到自己的位置。

有土此有财，有了平台和领域，你才有可能赚钱呢！所以如果您看到了此书，说明您买了书，为我付了钱，多好理解，这是最通俗的解释。土主生发万物，何况是财，这也是《易经》里的观点。

有财此有用，这是非常重要的一句，赚钱为什么，是为了用。因为"财散则民聚"。这又回到首句，德者生财守正，用财有端，才会继续有人有土有财，生生不息。

《大学》里关于德和财关系有一句非常经典的话"仁者以财发身，不仁者以身发财"。有德行的人，财是工具，用来实现抱负；一般人却将发财当成了目的，为了聚财不惜此身。

贾府里的为什么会出现财务危机，因为府里的领导人生财出错，用财出错，才出现了"货悖而入者，亦悖而出"的现象，来钱的路子不正，就会经由不正的路子出去。表面看起来贾府是失财，其实本源是因为失了德行。

先简单分析一下贾府的资产结构。

首先是祖上余荫。贾府初代两位国公，从龙出身，有军功，也攒下了巨大的家财。但君子之泽，五世而斩，这部分资产经过数代的消耗，其实是处在一种不断减值的状态。固定资产数字在减，功劳也就是无形资产也在不断减值。

第二种是各种投资收益。比如书中第五十三回，详细的罗列了宁国府其中一个叫黑山庄的庄头，送来的账目，宁国府里有八九个庄子，按他们的对话，荣国府的庄子更多一些，收入也不算不丰厚了。

第三种，在政府部门工作人员的工资及皇帝的赏赐，一般人看来很多，但在花钱如流水的贾珍等眼中，就可以忽略不计了。

第四种，各房主母的陪嫁，数额也很庞大，王熙凤就曾为此自傲，在第七十二回里跟贾琏吵架时，曾说过"把太太和我的嫁妆细看看，比一比你们的，那一样是配不上你们的"。

第五种，各种意外收入。也可以说是聚敛的不义之财吧。比如王熙凤弄权铁槛寺里，罔顾人命收的三千两银子；又比如王熙凤让仆人出面放的高利贷；还有营业外收入，最大数额的就是黛玉的家财，这个前文已有分析。

然后再汇总一下贾府的支出：

第一种：搞形象工程，修建大观园。

第二种：各种公关费用，举办各种祭祀及婚葬嫁娶生日宴会，人情年节往来，甚至应付宫中太监索取等。

第三种，管理人员工资。贾府里各级管理人员数额非常庞大，单是一个贾宝玉，贴身伺候的就有八个大丫鬟，数不清的洒扫等小丫鬟婆子，出门的小厮男仆等等，合计起来大概几十个人。第七十四回时，王夫人抄减大观园，名义上是除奸，其实是在现金流出现问题时，在找借口裁员。

第四种，维持各级主子及管理人员奢华的日常生活享受。

第五种，大概是导致贾府资金链出现问题的最大一笔额外支出，也可以说是高风险投资，就是造反支付的钱粮财物了。

总结起来，贾府管理有限公司里面的支出全部是消费性支出，几乎没有生产性和投资性支出，唯一的风险投资，还是买了一支重组股的高危股票，结果重组失败后血本无归。甚至在子孙教育方面的支出都很少，如前文我分析过贾府的族学。冰雪聪明的林妹妹一句"出的多，进的少"已经大致都概括了。

那么这种财务结构，为什么会导致失德呢。德行从大的方面来说有仁义给予等，从小的方面，就是约束言行，控制欲望。诸葛亮在诫子书中说"静以修身，俭以养德"。如果对欲望不加约束，恨不以取尽天下之财，以供我一时之欲，是对德行的一种败坏。

贾府现有之资财，皆不是从自身才德而来；所费之用途，也不是由滋养才德之去。

《大学》最后一章有一句话"未有府库财非其财者也"，《大学章句集注》里把它直接翻译为"没有国库里的财物不是属于国君的"。我个人认为这个译文是不妥当的，这种译法不符合上下文的原意。

因为标点符号是近代才出现的，古代的文献都是未断句的，所以我认为这个句子断句断错了。正确的断句应该是个反问句："未有府库财，非其财者也？"意思是难道没有存在府库中的财物，就不是国君的财物了吗？"这就有了藏富于民的意思，也可以说藏富于德。就与《大学》想阐述的意思相符了。这个以后可以单独撰文探讨。

贾府对原有的钱财，没有用在养德上，德行不足以有人有土进而生财，对欲望又不加以约束，在钱财的掘取上，就失去了控制，损害了德行。

随着情势的发展，贾母的财产消耗大半，薛家的财产又重被提上日程，那才是钗黛之争图穷匕现之时。随着掌权之手扭动乾坤，悲剧的命运终于张开巨口，择人而噬。大观园里鲜活明媚的女孩子们，如此万艳同悲，一个个的填进了荣宁二府权势熏心之下的深黑欲壑！

第三十五章 金哥亡情尽，黛玉缢月圆

为财失德，贾府的王熙凤是最为明显的例子，我们就从具体的文中凤卿所做的财务错事，来分析一下贾府因聚财而失德之处。

《红楼梦》中第十五回，比较详细的描写了王熙凤是如何弄权铁槛寺的。

时平安州张家女儿金哥，与原守备家公子已经订亲，但现任长安府知府的小舅子李衙内看上了张金哥，想要强娶，原守备不肯退亲，于是王熙凤收了知府家三千两银子的贿赂，去信给贾府势力下的平安州云节度使，以势逼得原守备退亲，结果张金哥自缢而亡，原守备之子殉情。王熙凤为了三千两银子，伤了两条人命。

脂砚斋在此处批示"凤姐恶迹多端，莫大于此件者：受赃婚以致人命。"

但作者第十六回的时候，又提了一句"自此凤姐胆识愈壮，以后有了这样的事，便恣意的作为起来，也不消多记。"

那么以后又有了哪一件这样的事呢？我以为作者实写这件恶事，是为了虚写另一桩"受赃婚以致人命之事"：就是黛玉之死。

书中交代这桩婚事的结局：张金哥"闻得父母退了前夫，他便将一条麻绳悄悄的自缢了。那守备之子闻得金哥自缢，他也是个极多情的，遂也投河而死，不负妻义。张李两家没趣，真是人财两空。这里凤姐却坐享了三千两"。与宝黛婚姻之事有很离奇的相似之处：

第一点，张金哥被强退婚后自缢而死。而黛玉在金陵十二钗里的判词是"玉带林中挂"，那么大概可以推测，林黛玉是自缢身亡的。

关于黛玉之死，一般有很多猜想。有一些人根据黛玉与湘云在凹晶馆的联诗，曾把"寒塘渡鹤影，冷月葬花魂"上下句都安在黛玉身上，认为黛玉是一个月夜里自己沉塘而死的。

我认为这个说法不那么妥当，合理一些的解释应该是上句"寒塘渡鹤影"指湘云之死，因为湘云的判词是"湘江水逝楚云飞"，所以湘云才是水逝的。下句"冷月葬花魂"是说黛玉，交代了黛玉死的时间是月夜。

黛玉首先不会选择水逝，因为在第二十三回的葬花之时，宝玉曾告诉她把花瓣撂在水里，而黛玉是不同意的，她说："撂在水里不好。你看这里的水干净，只一流出去，有人家的地方脏的臭的混倒，仍旧把花遭塌了。那畸角上我有一个花冢，如今把他扫了，装在这绢袋里，拿土埋上，日久不过随土化了，岂不干净。"她觉得水里是脏的，土里才是干净的归宿。

第二点，原守备之子投河而死，不负妻义。而宝玉是在黛玉死后出家的，一般认为人若出家，则超脱生死，跳出三界外，不在五行中。也可以称为渡过河而离尘世。

第三点，张李两家没趣，真是人财两空。那么黛玉死，宝玉出家，贾薛两家其实也闹了两家没趣，人财两空。

第四点，张金哥之死，王熙凤坐享三千两。而宝黛钗三者婚姻纠葛之事，王熙凤是吃了上家吃下家，两边发财。

　　首先王熙凤在黛玉身上是发了财的。黛玉数额庞大的嫁妆，直接从贾琏手里过的。书中第十六回贾琏刚带了黛玉二进荣国府的当天，平儿评价贾琏"我们二爷那脾气，油锅里的钱还要找出来花呢"，再加上四处捞钱雁过都要拔毛的王熙凤，贪污黛玉之财简直是一定的。

　　有人说凤姐看好宝玉和黛玉的婚姻，我认为恰恰相反，正因为凤姐贪了黛玉的嫁妆，所以她是一定会反对这场婚事的，而且，她从一开始的打算就是要黛玉去死。

　　这一点我是从平儿对黛玉的态度上判断出来的。平儿在《红楼梦》里出场极多，而且她八面玲珑，得到贾府内所有上下人等的称赞，第四十四回宝玉赞她是"极聪明极清秀的上等女孩"。

　　但她在整本书中，没有与黛玉正面说过一句话，这是非常奇怪的。有意思的是，第六十四回里邢夫人问平儿怎么不在的时候，丰儿撒谎却拿黛玉找她做借口，这明晃晃的谎言是在提醒读者：大家找一找平儿什么时候与黛玉说过话？

　　那么以平儿这样面面俱到的性格，她为什么不跟深受贾母宠爱的黛玉有交流呢。

　　首先不是厌恶，平儿这样的高级管理人员，不会以个人的喜好来做事，她肯定厌恶赵姨娘，但她甚至会因为探春的原因而暗地里回护赵姨娘。

　　其次她不会惧怕黛玉，这简直是一定的。连最低等的洒扫小丫鬟都能从黛玉手里大把的拿到赏钱，黛玉在贾府一直都是最无害的。

　　我以为根本的原因就是心虚，她应该是不敢看黛玉的眼睛的。

平儿是凤姐第一心腹之人，凤姐的所有阴私之事，她都参与策划，比如凤姐设计害死贾瑞，全程都是跟平儿合计商量过才做的决定。那么如果凤姐有害黛玉之心，平儿必然知道。而且一些害人的细节上，比如下层舆论上，就可能是平儿直接出手的。如果她正在经年累月的算计，并准备逼死这样一个美丽善良可爱鲜活的女孩子。她还能坦然地与受害者交往吗？

第二十五回，凤姐当着宝钗等所有外人的面拿宝黛婚事开玩笑："你既吃了我们家的茶，怎么还不给我们家作媳妇？"等语，经常有人从这里推断凤姐是心存了善意的，因为她明地里支持的是宝玉与黛玉的姻缘。但在我看来，这些话里含了森森的恶意。黛玉与贾府的婚约，如果不说出来，黛玉还有外嫁的可能，这样明正堂皇的当着众人的面直接挑明，试问，外面还会有谁来求娶黛玉？这是堵死了黛玉唯二的活路。

随着贾府危机的出现，我们看在第七十一回贾母的生辰时，南安王太妃来贾府相亲，贾母的安排非常有深意，"贾母回头命凤姐儿去把史、薛、林带来，"再只叫你三妹妹陪着来罢。"史湘云是订了亲的人，而且与南安王太妃相熟，若相亲，也不是在贾府，可以不计，贾母当着太妃的面说出来，探春只是陪客，那么主客就是黛玉与宝钗，她在告诉南安王太妃，贾府的备选人是黛玉和宝钗。

贾母的意思是非常好猜的。她很清楚的将人选传达给了南安王太妃。老人家用心良苦，黛玉与宝钗二人不管谁被选上，黛玉都能活命，选了宝钗，黛玉嫁给宝玉，结局完满；选了黛玉，黛玉外嫁，逃出生天，尚可活命。当时南安王太妃连凤姐在内备了五份完全一样的礼物，说明现场是没有决定的，她要回去打听仔细，再做决定。

那么王熙凤怎么可能让黛玉嫁出去？黛玉如果以这样的方式出嫁，位比王妃，是要惊动朝廷的，那么在贾雨村拿出当年林如海留给女儿的嫁妆单子，开始追讨黛玉数额庞大的嫁妆时，凤姐如何添这个窟窿？所以早年凤姐平儿贾琏之流放出去的舆论在此时就发挥了作用。宝钗的金玉良缘一说也不难打听得到，那么贾母推荐的两个人都不合适，作为陪客的探春就被选中了。这是探春远嫁和亲的原因。

再说回凤姐在宝玉宝钗订亲时，如何两家收钱的，其实也好猜测，与宝钗订亲一事，宝玉肯定是抵死不从的，王夫人作为母亲，拿儿子是没有办法的，那么薛家求到凤姐身上想办法，以凤姐的机关算尽，岂有不拿好处白做事的？钱收了还怎么会退？宝玉出家后，薛家失人，贾家失财，都落得个人财两空的没意思，独独王熙凤，又是白得了若干银两的。

第三十六终章 诸芳苦离散，无人不可怜

金钗十二钗最终结局，几乎全部包含在删去的后四十回中。因此，她们最后的命运，只能通过书中判词分析。

前文中我已经分析过，随着南安王势败，第三春贾探春远嫁和亲，诸芳的厄运终于到来。

通过第七十九回，和第八十回的情节发展来看，最先死去的应该是贾雨村降职后，失去庇护的香菱。接着死去的，是嫁给中山狼的贾迎春。直接死因都在前文交代清楚了，而且和判词非常相符。这足以说明，众钗之死，也是与她们的判词高度吻合的。

贾家在政敌的步步紧逼之下，准备举事，需要大量的财产支持，于是在王熙凤的各种谋划下，贾宝玉与薛宝钗定婚，林黛玉失去了最后的生机，在凄冷的月夜自缢离魂。

贾母风烛之年，无法控制贾府局面，亦无法承受黛玉自缢而死的打击，撒手西去，贾府正式衰败下来。

黛玉之死，激怒了贾雨村，或者说，贾雨村终于等到了一个冠冕堂皇地改弦易辙的机会。贾雨村在降职后，一直在蛰伏观望，黛玉之死，让他愤怒。或者说给了他愤怒的借口，他以不忘旧恩为借口，彻底倒向新皇，摆脱自己摇摇不定的立场，坚定地回过头来，将矛头对准了以贾府为首的旧势力。

贾雨村的倒戈，对贾府是致命的打击，因为贾雨村对贾府的罪恶最为了解，很多黑幕，都是他本人参与或策划

的。

　　这才是奸雄的思路，他顺从时事又利用时事，他的喜怒，从来与官途有益。他成了新皇手中最合适的刀，再一次被启用，官职也一升再升。他迅速的罗列贾府所有详细的罪状，形势之紧迫，让贾府没有更多的时间筹划，只能从平安州仓皇起事。

　　贾代化曾世袭京营指挥使，在护卫皇城的兵力中，有大批旧势力未清除，新皇在事起之前，已经秘密离京避险，往新势力完全掌控之地，指挥平乱。在离京以后的途中，处死了贾元春，所以元春的曲词里，才会有"望家乡，路远山高。故向爹娘梦里相寻告：儿命已入黄泉，天伦呵，须要退步抽身早"等句。

　　因为贾雨村炮制的罪状之中，以王熙凤为最，而且很多都是家族中未知的，诸多因小失大之罪，贾琏在贾赦等的命令下，怒而休妻，凤卿一生机关算尽，却算不到最终断送了自己的无常性命。

　　贾府造反兵败后，赶在新皇抄家之前，贾珍送亲妹妹惜春出家避祸，惜春之今日，正是妙玉之昨日，然而妙玉虽家败尚有贾府存身，而惜春却再无锦衣玉食的日子，伴随她一生的，是青烛古佛，但能得一途可修来世，已是大善；

　　"三春去后诸芳尽，各自需寻各自门"。新皇回京后，终于夷平了威赫赫百年之久的四大家族，后宅中风花雪月的女孩们，失去了家族的庇护，都走向了各自悲惨的结局：

　　湘云被做官妓发卖的途中投水自尽；

　　妙玉再无一个贾府可投奔，失去住处后被掳走，没入污淖之地；

贾琏之女巧姐，被锁拿官卖，刘姥姥倾尽家财才使得她获救，凤姐生前的滴水之恩，恩泽了她唯一的女儿，巧姐得以在山青水秀的村庄，粗食布衣，平安度日。

古代的制度中为奖赏节烈，一般守贞之女会算在家庭罪罚特赦之列。所以为贾珠守贞的节妇李纨和年幼的贾兰，没有被贾府谋反之罪牵连，新皇没有赶尽杀绝，算是给从龙的忠臣留下血脉，也给自己留下了宽厚之名。

贾宝玉在狱中时，袭人作为奴仆发卖，被与贾宝玉交好的蒋玉菡赎出，归于蒋玉菡，众人"堪叹优伶有福，可怜公子无缘"。

贾宝玉与贾府中的父兄一起被关在狱中，贾雨村念在他与黛玉的情谊，想办法为他脱罪，从狱中救出。

关于宝钗的结局，读者们之间是有争议的。很多人甚至是八七版的《红楼梦》电视剧中，都认为宝钗虽然生活凄苦困顿，但还是活下来的，他们依据的应该是第五回中，《红楼梦》十二支曲中的第二支《终身误》："都道是金玉良姻，俺只念木石前盟。空对着，山中高士晶莹雪；终不忘，世外仙姝寂寞林。叹人间，美中不足今方信。纵然是齐眉举案，到底意难平。"因为举案齐眉等语，大家认为黛玉死去，宝钗嫁给宝玉却活了下来。但这只曲子旨在交待三人纠葛下的最后姻缘，而不是最终的命运。在《金陵十二钗》正册中，所有的女孩子最终结局都已经交待完了。宝钗和黛玉共用一首判词："可叹停机德，堪怜咏絮才，玉带林中挂，金簪雪里埋。"二人在文中并无高下之分，先写宝钗，是赞宝钗之德，一般人在说一件事的时候，德都是在才之前。而后两句交待的是黛钗二人最终的命运，按照的是时间顺序，也是因果顺序，黛玉在贾府败落之前先离世，这是贾府败落之起因，宝钗死在贾府败落之后，是贾府败落之果。

贾雨村在《红楼梦》开篇时，曾高吟一副对联："玉在匮中求善价，钗于奁内待时飞。"上一联是指贾雨村从狱中赎出贾宝玉。下一联"钗于奁内待时飞"初时让人非常费解，钗于奁内，应该是宝钗死去收敛入棺，为什么要等待贾雨村来验呢？

如果我在本书中所分析的贾雨村与香菱黛玉的关系是正确的，这句下联就有了解释：这两个与贾雨村同样身世薄祜的女孩子，他用尽了全身力量去守护，却没有守护好的女孩子，全部都死在了薛家之手。如果贾雨村以为黛玉复仇的原因背叛贾王二府而投入新皇麾下，那么他最先覆灭的就应该是薛家，这也是我认为薛宝钗不可能存活下来的原因，薛宝钗作为薛家唯二的嫡系后代，人物德才品貌如此出色，必然要被斩草除根的。

贾宝玉失去了所有的亲人爱人，落得个白茫茫大地真干净，终于将昔日富贵丛中未证得的，证了出来。警幻仙子用美色仙途未唤醒的痴儿，在万念俱灰之下，终于醒来，胸怀慧果，从此辞去红尘，往清静山中，已无话可说，无因可果，所以既聋且痴，漠然从容，不待来生。

至于贾雨村在旧势力全部清除后，放马南山之时，杀人之刀必要封藏，那已经是春荣秋谢，谁都躲不过的生关死劫，试问世上之人，无论贤愚，又可有人躲得过吗！

至此大观园里风流云散，花自飘零水自流，留下尚在俗世里起伏挣扎，堪不破解不脱，无明无识的凡人。静静守着他们的，是隐隐青山与菩萨悲目。

雪芹公在这一部《红楼梦》里，熬尽了毕生的心血，倾注了全部情感，他爱着大观园中每个女孩，温柔的，美丽的，灵动的，鲜活的，可爱的，智慧的，莽撞的，狡黠的，跋扈的，愚笨的，痴顽的，不一而足。

这些女孩子的音容笑貌，承载着他年幼时最美的记忆，他把自己恋恋不舍的记忆，用刀笔，一撇一捺地刻在这些女孩的修眉连娟与明眸善睐里，刻在她们婀娜体态与石榴裙角，刻在她们云履踏过的曲径通幽处，刻在巴望她们而生的一山一石一草一木，刻在将她们困住的无可奈何天里。

然后这些女孩们跳脱了纸面，活了来。活在古往今来文人墨客的眉尖心头，活在女人们静静流淌的泪水中，活在男人们倾心暗恋的春梦里。

那么，你能想象出这些女孩们零落成泥之后的悲惨吗？你我尚且不忍，何况用生命来爱着她们的曹雪芹呢？

书中列举出来的金陵众钗里，唯一清楚地明写死去的，只有排在又副册里的晴雯。因为晴雯的青春夭亡，作者悲痛欲绝，借宝玉之笔力，仿屈原之离骚，制成《芙蓉女儿诔》，长歌当一哭，郑重地祭了又祭，拜了再拜，病了又病，为了一个晴雯之死，几乎心力交瘁。

因为正文起因的需要，秦可卿在《红楼梦》的开头就死去了，脂批说作者不忍下笔，故大段删去天香楼一节。

后四十回里，交待的是金陵众钗之死之散。那么作者是如何悲痛的呢？因为这样无法承受之痛，作者就像删天香楼一节一样，把后四十回全部删掉了，他让他心爱的女孩们，都活在最好的年华里，用最美的样子活成永恒。

他达到了目的，如今的我们，想起书中任何一个女孩子，印象里都是她们在大观园里鲜活的一喜一忧一嗔一怒。

都会含泪地笑。

www.ingramcontent.com/pod-product-compliance
Lightning Source LLC
Chambersburg PA
CBHW020417080526
44584CB00014B/1377